CORRESPONDENCIA PIZARNIK

IVONNE BORDELOIS

Correspondencia Pizarnik

SEIX BARRAL

Diseño de cubierta: María Inés Linares
Diseño de interior: Alejandro Ulloa

© 1998, Ivonne Bordelois

Derechos exclusivos de edición en castellano
reservados para todo el mundo:
© 1998, Editorial Planeta Argentina S.A.I.C.
Independencia 1668, 1100 Buenos Aires
Grupo Editorial Planeta

ISBN 950-731-203-X

Hecho el depósito que prevé la ley 11.723
Impreso en la Argentina

INDICE

¿De dónde habrá surgido la idea de que las personas pueden comunicarse mediante cartas? Se puede pensar en una persona distante, se puede aferrar a una persona cercana, todo lo demás queda más allá de las fuerzas humanas. Escribir cartas, sin embargo, significa desnudarse ante los fantasmas, que lo esperan ávidamente. Los besos por escrito no llegan a su destino, se los beben por el camino los fantasmas. Con este abundante alimento se multiplican, en efecto, enormemente. La humanidad lo percibe y lucha por evitarlo; y para eliminar en lo posible lo fantasmal entre las personas y lograr una comunicación más natural, que es la paz de las almas, ha inventado el ferrocarril, el automóvil, el aeroplano, pero ya no sirven, son evidentemente descubrimientos hechos en el momento del desastre, el bando opuesto . es tanto más calmo y poderoso, después del correo inventó el telégrafo, el teléfono, la telegrafía sin hilos. Los fantasmas no se morirán de hambre, y nosotros en cambio pereceremos.

FRANZ KAFKA, *Cartas a Milena*
(texto citado frecuentemente por Pizarnik)

Ahora mis pasos de loba ansiosa en derredor del círculo de luz donde deslizan la correspondencia. Sus cartas crean un segundo silencio más denso aún que el de sus ojos desde la ventana de su casa frente al puerto. El segundo silencio de sus cartas da lugar al tercer silencio hecho de falta de cartas. Toda la gama de silencios en tanto de ese lado beben la sangre que siento perder de este lado. No obstante, si no sintiera esta correspondencia vampírica, me moriría de falta de una correspondencia así. Alguien que amé en otra vida, en ninguna vida, en todas las vidas. Alguien a quien amar desde mi lugar de reminiscencias, a quien ofrendarme, a quien sacrificarme como si con ello cumpliera una justa devolución o restableciera el equilibrio cósmico.

Su silencio es un útero, es la muerte. Una noche soñé una carta cubierta de sangre y heces; era un páramo y la carta gemía como un gato. No. Voy a romper el hechizo. Voy a escribir como llora un niño, es decir: no llora porque esté triste sino que llora para informar, tranquilamente.

ALEJANDRA PIZARNIK,
Una Traición Mística, 1966

PROLOGO

Difícil entre todos el oficio de evocar a Alejandra Pizarnik: nunca se sabe si bordeamos el sacrilegio o el ridículo; y al mismo tiempo, asoma la urgencia de rescatar su figura extraordinaria, menuda, valiente, obstinada y única en este fin de siglo —que tanta resaca nos ofrece.

Recuerdo la noche en que la conocí en París, allá por los sesenta, en un modesto restaurante de la rue Saint Michel, frente al Luxemburgo. El encuentro había sido convocado por Lucía Bordelois. Una de las menores en la galería de once hermanos en la familia de mi padre, Lulú era también una de mis predilectas. Tenía —o más bien era— una de las voces de soprano más delicadas y conmovedoras que la vida me ha dado a escuchar, y fue por ella y con ella que *La fille aux cheveux de lin,* la más hermosa entre las piezas de Debussy, fue entrando en las noches porteñas —como lo recordaba Julio Cortázar— y también en mi memoria, mesmerizada por esa voz que parecía un sol alzándose entre lágrimas.

Lulú había sido también una de mis mentoras más acertadas en el camino de la poesía: mientras mis profesoras de literatura me inculcaban afligentes poéticas hispanizantes y novecentistas, las *Cartas a un Joven Poeta* y *Los*

Cuadernos de Malte Lauris Brigge, que ella me regaló muy temprano en mi adolescencia, me abrieron un camino hacia Rilke y hacia la gran poesía que desde entonces nunca he dejado de recorrer. Por eso me sorprendió, aquella noche que tan importante se reveló luego en mi vida, el que Lulú hubiera insistido en presentarme a aquella muchacha vestida con exagerado y afectado desaliño, que hablaba en el lunfardo más feroz, salpicando su conversación con obscenidades truculentas o deliberadas palabrotas. Por supuesto, la impresión que habré causado en Alejandra —ahora que recapitulo aquel encuentro— no debe haber sido menos catastrófica. Munida de un diploma de la Universidad de Buenos Aires, becada por el gobierno francés, residente en el Pabellón Argentino de la Ciudad Universitaria, vagamente provista de un cuasinovio abogado porteño, aparentemente razonable y estudiosa, yo debo haber estado cerca de representar para Alejandra algo así como la antípoda de lo que fue su lema preferido, la frase candente de Rimbaud: "La vraie vie est ailleurs": la verdadera vida está en otra parte.

Y, sin embargo, a través de las falsas impresiones y los alegados disfraces de esa noche, despuntaba en mí la certeza —mezclada con una suerte de sorpresa aliviada y de maravillamiento— de que esa mujer más joven que yo, que me divertía y a la vez me irritaba con su voluntad de escandalizarme, era alguien que sabía más que yo, alguien que, por fin, "sabía" de verdad. El tiempo no hizo más que confirmar esa intuición. Pienso también que Alejandra, a través de sus chocantes escarceos, intuyó que había en mí algo más que una niña aplicada en busca de diplomas deslumbrantes o de certidumbres sociales establecidas. Presintió una escucha, si no infalible, atenta y fiel, y también un prolongado diálogo, donde el valor más alto estaría dado por un profundísimo e inquebrantable respeto por nuestras opciones personales y una libertad de movimiento total en nuestra relación mutua. Tampoco el tiempo desmintió aquí esta intuición. Durante doce años tuve así el privilegio de asistir a la aventura de un pensamiento poético que apostaba cada vez más alto, cada vez más hondo, sin detenerse nunca en su exigencia de absoluto.

Mis sesiones de Sorbonne comenzaron a alternar así con frecuentes visitas a la casa que Alejandra alquilaba en una esquina de la rue St. Sulpice, frente a la iglesia del mismo nombre —un departamento de Laure Bataillon, nuera del famoso hispanista Marcel Bataillon. La palabra "departamento" es un eufemismo en este caso: se trataba más bien del navío ebrio de Rimbaud, una zona de tabaco intenso y entrevero prodigioso de libros y papeles, una tienda de nómade donde imperaba un samovar y esa atmósfera especial que crece en los lugares en donde el silencio crece como una madreselva invasora, nocturna, permanente; el silencio y una concentración estática y vibrante, donde la voz de Alejandra era reina.

Siempre me ha llamado la atención el que entre las muchas semblanzas y entrevistas publicadas en torno a Alejandra no se haya hablado nunca —salvo en una rápida referencia de Rodolfo Alonso— de la extraordinaria voz de Alejandra y de su aun más extraordinaria dicción. Alejandra hablaba literalmente desde el otro lado del lenguaje, y en cada lenguaje, incluyendo el español y sobre todo en español, se la escuchaba en una suerte de esquizofrenia alucinante. Por un lado, entrecortaba imprevisiblemente sus palabras: "pa-raque-ve-aselpo-e-ma" produciendo un cierto hipnotismo, semejante al que inspira el mirar viejas fotos donde reconocemos rasgos, sí, pero de modos tan inesperados como oblicuos. Asistir a su conversación era viajar en un tren en que cada vagón corría a distinta velocidad, con ventanas titilando arbitrariamente, y una locomotora oscura e inexplicable arrastrándolo todo como un silencioso y nocturno huracán. Sus vocales eran lentas y tambaleantes y el todo, irremisiblemente extranjero. Lo importante era que dentro de ese extrañamiento innegable, nunca escuché a nadie que tuviera un dominio más central y perfecto del lugar y tiempo necesario a cada palabra: siempre se tenía la sensación de un arquero infalible que arrojaba la flecha al sustantivo más precioso y preciso, al adjetivo más irremplazable, profundo y sorprendente. Algo de esto se refleja en una entrada de su diario del 7 de septiembre de 1962, en Saint Tropez (recogido por F. Graziano, *A. Pizarnik. A Profile*, Logbridge-Rhodes 1987, p. 115):

> *"Esta voz ciñéndose a las consonantes. Este asegurarse de que nada quede sin pronunciar. Se habla literalmente. Sin embargo, se comprende mal. Es como si la perfecta precisión de nuestro lenguaje revelara en cada palabra un caos que se vuelve crecientemente obvio, proporcionalmente al esfuerzo de ser comprendida."*

Recuerdo aquel retrato de Wittgenstein, en el que se compara su elocución con el estilo de aquellos que hacen carreras de bicicleta inversas, procurando llegar en el mayor tiempo posible a una distancia mínima. Porque lo que importa notar aquí es que de su lentitud y titubeo Alejandra —como Wittgenstein— extraía efectos insospechados, esguinces y asociaciones iluminantes, jocosas, misteriosas, inspirantes. No era que se la entendiese mal: era que su dicción promovía una pradera de ambigüedades y desvíos en la que el interlocutor se perdía a veces en una suerte de espejismo deslumbrado. Conversar con ella era una fiesta inextinguible e irrecuperable.

A esa fiesta se entremezclaba, sin embargo, el resquemor de lo que el lenguaje de Alejandra velaba debajo de sus revelaciones: una zona de secreto inaccesible tanto para nosotros como para ella misma ("Alejandra, Alejandra / Debajo estoy yo, Alejandra"). Nadie ha hablado mejor de este desasosiego que se trenzaba al placer de escucharla que Enrique Pezzoni, en su entrevista con Ana Calabrese en *El Porteño,* cuando dice que en ella había

> "... esa compulsión al juego de palabras, ese juego que viene de la tradición surrealista, eso de "les mots font l' amour" para ella absolutamente encarnado. Pero a la vez vos veías que todo eso encubría una zona central de silencio que era muy preocupante y muy fascinante a la vez. Es decir: es una poesía maravillosa la de Alejandra y su vida es una vida poética muy maravillosa —pero a veces da la impresión de que eran borradores de vida, borradores de poesía para enmarcar esa zona central de silencio— y no estoy haciendo una frase... ornamental, quiero decir que así como en la poesía las imágenes se constituyen unas a otras como si fuera perfilando una zona central que es la de lo no dicho y que adquiere valor como un hueco central, también en la vida de ella ocurría lo mismo, todas esas actitudes y salidas de tono, es decir del tono estúpido y corriente y machacón de la vida como costumbre, esas salidas iban enmascarando una zona central de silencio. De modo que uno se veía con ella y se alegraba, y tenía una gran alegría, pero te quedaba una sensación de temor continuamente."

Así, entre el temor, el silencio y la fascinación, empecé entonces a desmadejar con Alejandra el tapiz de la literatura francesa —que conocía con una originalidad y una autoridad indiscutible, desde Christine de Pisan y Rutebeuf hasta Mallarmé y Pierre Jean-Jouve. Sus lecturas eran zambullidas implacables —poseía, además, una memoria impecable y un estado de alerta permanente en cuanto a las ediciones desconfiables— y rescataban de los textos aquella chispa que la erudición y la pedantería de los profesores de la Sorbonne solían amortiguar o sofocar. Al lado de ella, era necesario primero des-leer para luego releer en su intención primigenia a esos clásicos tantas veces ignorados —como Baudelaire o Verlaine. Alejandra solía sostener la teoría —que comparto con entusiasmo— de que los profesores universitarios se dedican a la literatura para odiarla mejor, ya que suelen ser escritores frustrados que vuelcan su resentimiento en ceremonias crematorias en las cuales disecan, con ayuda de terminologías mal apropiadas y peor comprendidas, los textos que deben transmitir a sus estudiantes. Con ella adquirí para siempre una distancia crítica acerca del mundo académico que no hizo más que ahondarse con mi experiencia universitaria en los Estados Unidos y Holanda.

De las lecturas de los textos sagrados de la poética francesa pasamos sin transición, a través de sesiones surrealistas de cadáveres exquisitos en las que ella me inició, a la lectura de sus poemas, los originales de *Arbol de Diana*. Alejandra era sumamente susceptible a toda crítica que se fundara en motivaciones verbales: muy lejos de dejarse llevar por un torbellino inconsciente, pesaba y sopesaba hasta el delirio los materiales de su poesía. Es en París donde despierta su genio poético en madurez (los libros anteriores prometen, sin duda, pero la intensidad que alcanza su palabra en este poemario es inédita hasta entonces). Cuando nos reunimos en Buenos Aires después de su regreso, posterior al mío, fue el turno de *Los trabajos y las noches,* que mereció una no menos obsesiva prelectura de mi parte.

A su vez, Alejandra solía comentar mis escritos —poesía o ensayo— con una suerte de severidad límpida y generosa que me ayudaba a adivinar los escollos inadvertidos, las opacidades involuntarias, las ocasiones en que un salto feliz había sido soslayado. Debo decir en ese sentido que Alejandra siempre me impresionó por su capacidad de discernir, con rapidez de águila, en los textos más diversos y complejos, cuál era la línea que anuncia el futuro, cuál la debilidad, cuál el enigma.

De esta calidad de penetración son muestra indudable muchos pasajes de las cartas que aquí se publican. Su potencialidad crítica era idéntica a su capacidad poética, porque su lectura y su escritura eran en cierto modo una sola cosa. Podía descifrar en un segundo lo ridículo en un escritor consagrado así como advertir la sorprendente profundidad de una paradoja volcada en una copla popular: estaba inmersa permanentemente en la matriz de la lengua y su libertad de percepción le permitía un juego constante de alusiones y entrecruces reveladores que serían normalmente ignorados por los más avizores.

Esta Alejandra lúdica, clarividente e inspirante, convivía también con un ser cuyas exigencias y expectativas eran difíciles de confrontar. Aquí es necesario otra vez dar la palabra a Pezzoni:

"Conocerla fue el coup de foudre —conservó todas sus características míticas porque estaba todo el tiempo jugando contigo, pero a la vez sabías que había una zona impenetrable ¿verdad? Además impacientante, porque podía ser la persona que más podía impacientar —como no tenía ni noción de la hora, ni de las convenciones mínimas para manejarse en el mundo, de pronto te daban accesos de una impaciencia terrible. Podía ser terriblemente irritante. Los ataques de exasperación que producía los diluía inmediatamente con una frase pero estabas a veces

al borde del asesinato con ella ¿no? Pero al mismo tiempo era
una seducción absoluta y una necesidad continuada de seducir,
al infinito."

No se sabía, en verdad, cómo lidiar con sus demandas infantiles y tempestuosas, su ignorancia de límites en materias prácticas, su extemporaneidad salvaje. Alejandra podía ser implacable, abrupta y arbitraria, como sus últimos poemas lo muestran: éstos eran los escudos o las armas que su desamparo le proponía. En ella el permanente conflicto nacía de la imposibilidad de alcanzar una poesía que arrasara con la vida, que la remplazara definitivamente. Pero el riesgo, la lucidez, la posibilidad de evocar desde el fondo del abismo la muñequita de papel dorado sin diluir el horror del abismo ni el encanto de la muñequita y un enorme, acaso insuperable conocimiento de la vulnerabilidad de las palabras que en español trasmiten la figura del otro reino: he aquí los raros dones de la vida y la poesía de Alejandra.

✳ ✳ ✳

La publicación de este epistolario, a sesenta y dos años del nacimiento de Pizarnik, quiere ser, antes que un homenaje beatífico, una suerte de reencuentro pleno del lugar Pizarnik entre nosotros: está destinada a afianzar el sábado de su vida y de su memoria entre nosotros. No sólo rescatar la memoria de la pequeña sonámbula al pie del abismo sino también la de la vigía de una dimensión única, lúcida, y liberadora en nuestra poesía.

Por eso la publicación de esta correspondencia intenta purificar o desmitificar la imagen exclusiva de Alejandra Pizarnik como niña-monstruo —la "mala, sucia, fea" en la cual parece detenerse a veces, con ánimo desafiante, la crítica contemporánea.

Evitemos de entrada todo malentendido. Hay sin duda un lugar en todo corazón humano —en el de Pizarnik como en el nuestro— donde todos somos malos, sucios y feos. La excesiva acentuación del costado oscuro de Pizarnik, empero, ha dado lugar a una leyenda negra que resulta rechazante para los mediocres, fatigante y abrumadora para muchos y se vuelve asimismo, a veces, una suerte de deslumbramiento enfermizo o una tentación trágica para los más vulnerables.

Estas cartas no alimentan una leyenda rosa —que sería injuriosa para Pizarnik y para nosotros mismos— pero sí una imagen más total y más cierta. Lado a lado de los delirios verbales y de las zambullidas en lo obsceno, muy cerca de admiraciones indudablemente estratégicas y de fabulaciones tranquilizantes o intraquilizantes en cuanto a sus relaciones más cercanas, aparece frecuentemente una Alejandra insospechada e insospechable para muchos, que desafía todas las simplificaciones. Aquí aparece la amiga que sabe ser fiel, la que propone imágenes deliciosas pero también proyectos generosos y concretos de trabajo en común, la que ofrece preciosas informaciones y señales claras y detalladas para deslindar el curso muchas veces engañoso del laberinto literario. La que está atenta al devenir más oculto y rico de la literatura que vendrá y que junto a los nombres de los más famosos sabe anunciar la luz de los desconocidos que serán nombres futuros. La que sabe admirar con precisión, lucidez y delicadeza; la humorista que juega con lenguas, dialectos y clichés culturales; la que lejos de narcisismos obsesivos sabe agradecer y suavemente advertir. La que no sólo invita a escribir sino que recuerda un poema en especial, con una suerte de clarividente ternura. La que pone en contacto a los amigos entre sí; la que a veces, a medianoche, deja de teclear y se pone a escribir —con su letra pequeña y redonda de niña aplicada— para no irritar a los vecinos que duermen. La que reconoce haber habitado las zonas más oscuras "de las cuales se puede salir sólo mediante permisiones muy altas" y que se recupera sin embargo, con esa mixtura de levedad y de energía, de ser y dejarse ser que era uno de sus secretos más hondos.

De todas estas Alejandras reales e inolvidables somos testigos y estas cartas son nuestro testimonio. Este epistolario no pretende, por cierto, restablecer definitivamente la balanza entre las muchas Alejandras que existieron —trabajo que corresponde a toda una generación— sino dar espacio a una imagen más plena y total de Pizarnik, tal como fue y como resplandece en nuestra memoria, agradecidamente. Es el cumplimiento de una deuda de fidelidad personal hacia ella, pero también la transmisión de una herencia, por parte de quienes acompañamos cercanamente a Alejandra en el período de su primer regreso de París —pienso entre otros en Pepe Bianco y en Enrique Pezzoni— para las generaciones jóvenes, que han seguido su imagen con conmovedora fidelidad, pero que se han visto faltas de alimentos e informaciones más sustanciales y ciertas con respecto al universo Pizarnik.

A mi juicio, muy pocos se han internado más lejos en el lenguaje poético español contemporáneo que Pizarnik, particularmente en sus últimos poemas en prosa, de una belleza aterradora de la que de alguna manera no se puede regresar —aun cuando tampoco hasta ahora parece haberse ido más lejos en esa zona de riesgo. Pizarnik se aventura en estas regiones y extrae de ellas un lenguaje que es un espejo abismal, innegable e insospechado de nosotros mismos. Y muchas de estas cartas encierran pasajes donde vibra ese verbo aterido y aterrado que es la voz inconfundible de Pizarnik, sólo que en lugar de estar encerradas en un poema, la reflexión o la imploración que se niega a implorar, están ahora dirigidas a destinatarios concretos que serán luego testigos, y se matizan o iluminan con inflexiones insustituibles en cada caso.

Así como se ha dicho de Virginia Woolf que su correspondencia manifiesta una capacidad camaleónica de empatía con sus destinatarios, hay en los cambios de tono y ante todo en las zonas que se incluyen o excluyen en las cartas de Alejandra, una clara voluntad de congeniar con su dialogante, evitar roces o malentendidos, respetar los límites de la intimidad o atravesarlos impunemente si la escucha del otro es disponible. Pero a lo largo de todas estas variaciones, lo que resuena sin cesar es la escritura de Alejandra y su inflexión única. Porque tanto en estas cartas como en su poesía, Alejandra realiza una operación muy extraña en el español, lengua sólida, sonora y solar en su sustancia prima, que con ella se vuelve un idioma vacilante y nocturno, frágil y misterioso, lleno de acechanzas y vislumbres, mucho más sutil y profundo de lo que suele ser; tanteos y resistencias que ceden al paso de una voz única e irrepetible. Es por esto que, aún cuando mucho se la ha plagiado, lo que no puede plagiársele es la voz poética, que la señala como una poeta mayor de nuestro siglo. Como la de la Callas, una voz que no se describiría trivialmente como hermosa sino como estremecedora, una voz que hace temblar a las estrellas: "Explicar con palabras de este mundo / que partió de mí un barco llevándome". Una voz que racapitula la experiencia humana de una lengua en un momento histórico determinado y la renace, desnuda y diferente, hacia otro futuro, un futuro distinto, el punto a partir del cual ya no se puede regresar.

* * *

La primera parte de la correspondencia, en líneas generales, recupera no sólo el mundo individual de Pizarnik, en su relación con amigos y colegas, sino también su conexión con el mundo literario circundante, que supera ampliamente los límites habituales de la literatura argentina de la época. Desde París, donde conoce a Simone de Beauvoir, Marguerite Duras y a Pieyre de Mandiargues y traba amistad con Cortázar y Paz —sobre los cuales escribirá muy originales artículos críticos— Alejandra se interna en el conocimiento de Bonnefoy, de Schulz, de Pasternak, de Bataille y Dienesen; colabora en publicaciones argentinas, francesas, venezolanas, colombianas y belgas; viaja, sugiere, invita, experimenta.

El miedo, la resistencia al regreso a Buenos Aires configura el leitmotiv de la primera parte de la correspondencia y coincide con su deslumbramiento por Europa y específicamente, por la prestigiosa Francia de los años sesenta —inclinación propia de la intelligentsia argentina de la época.

Una vez vuelta a Buenos Aires Alejandra va cimentando su posición protagónica en el mapa poético del país y en 1968 recibe la beca Guggenheim, que le permite pasar por los Estados Unidos y regresar a Buenos Aires luego de un corto pasaje por París. Las cartas de este período subrayan la conmoción tenebrosa que le ha provocado el encuentro con New York y el desencanto de un París que comienza a marchitar sus encantos bajo la presión de una americanización que ella percibe como indetenible y devastadora. Por toda la correspondencia brilla una mirada sabia, irónica, insobornablemente lúcida, acerca del provincianismo porteño y el terruñismo hispánico, sus vulgaridades y grotescas limitaciones, vitales e intelectuales.

En su conjunto, este epistolario reconstruye no sólo la red compleja y delicada de Pizarnik en alguna de sus relaciones personales, sino también la riqueza de una época varia y generosa en contactos literarios. Entre las muchas ruinas causadas por el nefasto tiempo del proceso, no es una de las menores el desdibujamiento de una Buenos Aires literaria, la de los años sesenta, en donde la polémica, la conversación, los debates y encuentros culturales, y sobre todo, la trayectoria de múltiples revistas de distintas procedencias ideológicas y estéticas, daban cuenta de una movilidad y energía socioliteraria y crítica muy peculiar. Hoy esa creatividad, sin duda persistente, se ve amenazada por el consumismo de los best-sellers, la competitividad creciente y las promesas de la electrónica global, con sus muchas veces vanos paraísos comunicantes.

Como lo ha dicho Edgardo Cozarinsky, las revistas literarias de aquel tiempo son hoy criaturas irrepetibles: "les falta para respirar aquel aire compartido entre lectores, escritores y editores a quienes no se les ocurría dudar de la primacía de lo literario". Alejandra fue una de las más jovenes protagonistas de esa generación que dividió sus fervores entre fidelismo, surrealismo y neo-romanticismo; colabora en *Agua Viva, Poesía Buenos Aires, El Grillo de Papel, Poesía = Poesía* y *Testigo*; lee a Girondo y a Borges junto con Trakl, Rulfo y Mallarmé. Como anota Susana Haydu en su tesis, admira a Cortázar y a Paz, pero anota sin embargo en su *Diario:* "¿Quién, en español, ha logrado la finísima simplicidad de Nerval?".

Precisamente en estas cartas, escritas por una poeta que se sintió siempre existencialmente exiliada, se recupera el valor de reconstrucción e inspiración de su extraordinaria apertura crítica a las corrientes más subterráneas y relevantes de su tiempo. Porque la que frecuentaba el círculo de *Sur* y exponía dibujos junto con las pinturas de Mujica Láinez era también la que integraba el pequeño cortejo que acompañó los restos de Antonio Porchia, ese gran desconocido, y la que intimaba con Miguel Angel Bustos cuando éste, apenas salido de su adolescencia, comenzaba a escribir los oscuros y fulgurantes poemas que todavía permanecen en gran medida ignorados en nuestra pacata tradición literaria oficial. "La pequeña sonámbula en su cornisa de niebla" convive con una mujer de presencia literaria activa, rápida y alerta. La curiosa interacción de estas figuras, la tensión entre el mundo poético subterráneo y el mundo diurno consciente de Alejandra, expresa una compleja riqueza, poco explorada, que desafía muchas veces el análisis.

Todavía está por hacerse el recuento de los trabajos críticos de Alejandra —reseñas y entrevistas— que, lejos de la imagen exclusivamente narcisista que suele presentarse de ella, nos muestran su profunda y adivinatoria capacidad de empatía con escritores aparentemente muy alejados de su estilo y de su temperamento, en los que sabía discernir la convergencia de ciertos sueños, fantasmas o raíces estéticas comunes, coincidencias que proporcionaban una arista inesperada y luminosa en la comprensión de esos autores para el público lector.

En las cartas se revela todo este mundo dialogal de reencuentros y chispazos de entendimiento y sobreentendidos que animaba su conversación mental permanente con colegas y autores preferidos. Las referencias a Proust, a Kafka, a Djuna Barnes y a tantos otros muestran un horizonte de nombres y lecturas muy lejos del confinamiento local. Cosmopolita y sola, misteriosa y erudita como la musa de Rubén, la escritura epistolar de Pizarnik ilumina desde un ángulo insólito no sólo la poesía de Buenos Aires sino la gran literatura mundial de los años sesenta, sus preferencias generacionales tanto con respecto al pasado como al presente y también delinea con un ojo profético los deslindes y filtros del futuro. Con asombro asistimos a su escritura, de una precisión y una preciosura feroz; su extraordinaria inteligencia —en el sentido del leer adentro poético— y su indeclinable exigencia, tan rara en nuestra literatura, que producen algo así como una sensación de alivio —al fin la tribu se purifica— mezclada de terror: ¿pero qué haremos con esta sostenida incandescencia sin llamear nosotros mismos?

Dentro de esta correspondencia figuran numerosas cartas recibidas por mí, ya que a mi regreso de París, en 1963, Alejandra comenzó a escribirme a Buenos Aires, adonde volvería en 1965; más tarde, al irme yo a Boston en 1968, continuamos escribiéndonos hasta una fecha muy cercana a su muerte. Pero a estas cartas se suman otras, puestas generosamente a mi disposición por familiares y escritores amigos, a quienes expreso aquí mi reconocimiento. Mi gratitud también para Aurora Bernárdez por el acceso a diez de mis propias cartas a Alejandra, que reconstruyen, para ciertos períodos, la totalidad de nuestro diálogo. Agradezco asimismo a Myriam Polak y a Lillian Seddon una atenta y delicada lectura del primer manuscrito, y a Paula Pérez Alonso su estimulante presencia editorial y sus muy relevantes sugerencias. Cristina Piña contribuyó generosamente a este texto con la exactitud de su referencias y la agudeza y relevancia de sus observaciones. Algunos de los pasajes de este prólogo han sido retomados de textos de un testimonio mío, intercalados en su conocida biografía de Pizarnik. De la tesis de Susan H. Haydu, *Alejandra Pizarnik, evolución de un lenguaje poético*, publicada por la OEA en 1996, han sido transcriptas las cartas de Pizarnik dirigidas a Rafael Squirru, Sylvia Molloy, Monique Altschul y tres de las cartas destinadas a Ana María Barrenechea. A Susan Haydu y a la OEA mi agradecimiento.

Sin ceñirme a un orden cronológico estricto —que sería imposible de restituir en su totalidad, ya que muchas cartas carecen de fecha completa— he ordenado aquí las cartas por destinatario, para mantener una cierta tonalidad homogénea en los diferentes tramos de la correspondencia. A grandes trazos, he procurado ordenar a los destinatarios de modo de reflejar en su secuencia cinco momentos fundamentales de la trayectoria Pizarnik: en primer lugar las cartas de juventud previas al viaje europeo, luego París, después el regreso a Buenos Aires, más tarde el viaje a los Estados Unidos y Francia con motivo de la beca Guggenheim, y finalmente el segundo regreso a Buenos Aires, que coincide con un vertiginoso descenso, sólo detenido por su muerte.

Aun cuando motivo de alegría y de deslumbramiento, reencontrar estas cartas, volverlas a leer atenta e intensamente después de tantos años no ha sido fácil. Hay en la escritura de Pizarnik algo de piedra que cae inevitablemente, infaliblemente en el fondo del abismo. Yo diría que su escritura está centrada en la fuerza de la gravedad; todo en ella es necesario y todo es al mismo tiempo irremediable. La literatura de nuestros días nos ha desacostumbrado a esta fuerza de concentración: su aburrida y aborrecible *lightness* se contrapone como un páramo desolado a la intensidad del verbo Pizarnik.

Permítaseme decir, finalmente, que hay algo paradójico en la experiencia de alguien que como yo recoge, como fragmentos de un gran naufragio, estas preciosas señas de otro ser que fue fundamentalmente solitario, junto con otros restos recibidos de amigos que comprendieron el valor de esos signos y los resguardaron de la gran intemperie del olvido, más allá de las protecciones fallidas y los lamentos tardíos.

Acaso lo que unifica literariamente a estas cartas y las define vitalmente es una característica que también identificaba a Alejandra Pizarnik como persona y que se discierne cualquiera sea su interlocutor o interlocutora: la total resistencia a lo trivial, su inolvidable, irreductible irreductibilidad —valga la redundancia— a lo cotidiano. Divertidas o chocantes, sencillas o misteriosas, alegres o sobrecogedoras, nunca pactan con el pan nuestro de cada día y siguen siendo el pan nuestro de cada noche. Por un instante, nos dan un atisbo de esa continuidad milagrosa entre vida y poesía a la que aspira no sólo la gran poesía romántica o surrealista, sino toda verdadera poesía y toda auténtica vida humana. Son el signo de una presencia rebelde y maravillosa y la marca indeleble de nuestra nostalgia ante su pérdida.

Ivonne Bordelois
Buenos Aires, enero de 1998

CARTAS A
JUAN JACOBO BAJARLIA

Fue a través de Juan Jacobo Bajarlía, profesor en la Escuela de Periodismo a la que concurriría luego de aprobado el secundario, que Alejandra se internó en las corrientes poéticas modernas del surrealismo y la vanguardia. Entre el abogado de treinta y seis años —poeta, novelista y dramaturgo— y la adolescente de dieciocho, se estableció un fuerte vínculo que representaba para Alejandra, en parte, la liberación de la tutela familiar, y en parte, la apertura de un territorio poético hasta entonces desconocido. Después de las comidas en el Sindicato de Músicos o en el Edelweiss, la pareja se reunía a tomar un café en el estudio de Bajarlía y a discutir sobre la locura de Artaud, o el alcohol y el opio en Coleridge. Alejandra visitaba con pasión las zonas extremas de la existencia poética y muchas veces se internaba en largos silencios luego de las descripciones e interpretaciones que Bajarlía le ofrecía. Cuando la excesiva recurrencia de Alejandra a distintos medicamentos y calmantes —debido a los dolores de espalda que sufría— preocupaba a Bajarlía, éste le recordaba el aforismo de Hipócrates: "Debes conocer el síntoma". A lo cual ella respondía imperturbable con Sócrates: "Conócete a ti mismo". "En Alejandra las reacciones se generaban sorpresivamente. Ella era obsesiva e inestable. Diría que era circular. Estar exaltada o depresiva era cuestión de segundos. Se elevaba o caía tan fácilmente como abríamos un libro para pasar de un tema a otro. Con Alejandra todo se volvía paradójico." "Adoptó mi estudio como su propia casa. Aquí mateábamos y hablábamos de literatura. Mi estudio era como su cuartel general. Cuando tenía que ausentarse o recordarme algo, tomaba cualquier papelito y me dejaba unas líneas escritas a máquina. Firmaba con la palabra Buma (flor, en Idish) o Blímele (florcita), porque así la llamaban en su casa —su nombre era Flora Alejandra." Extraemos estas líneas de un testimonio más amplio, que da cuenta de la iniciación poética y personal de Alejandra al lado de Bajarlía. La obra de éste prosiguió con libros múltiples —desde *Historia de monstruos* (1969) hasta *Breve diccionario del erotismo* y *Cancionero satírico* (1996)— y numerosos premios (Municipal de Teatro en 1960, Fondo Nacional de las Artes en 1962, Konex de Platino en 1984, entre muchas otras distinciones). Las cartas que siguen son puntuaciones en un proceso de despertar que señala ya, sin embargo, la ruta de exigencia y reflexión que Alejandra continuaría más tarde, solitaria e implacablemente, pero que se inició, en contactos y horizontes, al lado de Bajarlía.

I

Querido Juan-Jacobo: esperame, vengo en media hora, olvidé una diligencia. Me llevo para leer los Poemas y Antipoemas de Nicanor Parra.

Prepará el agua

Buma

Acordate de lo de Girondo, era por hoy a la noche. Hay que llevar algo para Norah Lange[1]

1. Alejandra tenía diecinueve años por entonces. Su temprana incursión en el círculo de Oliverio Girondo y Norah Lange la llevaría a encontrarse más tarde con Olga Orozco, quien concurría a menudo a esas tertulias y a quien Alejandra admiraba profundamente —también se reuniría con Enrique Molina, uno de sus poetas predilectos.

II

BUENOS AIRES, 28 DE ENERO DE 1955

Querido Jean-Jacques:

Me gustó el reportaje, pero traeme el Altazor de

Huidobro, quiero estudiarlo a fondo. Estoy terminando mis poemas y leo también a Olga Orozco. No siendo esto que te digo, no hay nada que me interese. Faltás vos para seguir peleándonos. Venite pronto y cuidate de las chilenas.

Un beso
Buma

III

Querido Jean-Jacques:

Aproveché tu ausencia para ver un poco eso de Joyce. No creo que todas van a leer el *Ulises,* y va a ser muy difícil que te hagan un buen trabajo, se te pudo haber ocurrido otro seminario, pero como van las cosas, no tengo gran interés porque Joyce es un autor frío, se ve en el trato que le da a Molly, a la que tiene siempre a la distancia. La pobre se parece a mí, y vos a Bloom que nunca se sabe dónde está.

Lo del *monólogo interior* o escritura automática por asociación, como vos decís, también me parece otro juego frío del autor, pero para Borges y vos el lenguaje de este siglo deben seguir sus líneas. Yo considero que el verdadero lenguaje surge de una misma, del mismo ser, sin rebuscamientos, y no sé si algún día cambiaré de opinión, pero por ahora, además de todo lo que hemos dicho sobre Joyce, me cuesta avanzar en el Ulises. La falta de sensibilidad o emociones te dan ganas de dejarlo a un lado, y esto que te digo no tiene nada que ver con tu seminario ni con lo que haré para cumplir con las notas.

34

Ahora leo *Cumbres borrascosas* de la Brontë. Es una manera de olvidarse de tu famoso Joyce.

Besos

Buma

CARTAS A
RUBEN VELA

Rubén Vela conoció a Alejandra en las reuniones informales en las que se encontraba un grupo de poetas —entre los cuales Arturo Cuadrado y Luis Seoane, editores de *Botella al Mar*— en un café de la esquina de Perú y México. Fue con ese sello editorial donde Vela iniciaría una vasta trayectoria poética, con *Introducción a los días,* y fue justamente con motivo de la aparición del primer libro de Alejandra en esa editorial —*La Tierra más ajena,* 1955— que ambos poetas se conocieron. La primera crónica escrita sobre la poesía de Alejandra apareció en *La Epoca,* un diario socialista donde colaboraba Rubén Vela, firmada por él. A su vez, ella publicaría en Altamar *Las aventuras perdidas* (1958). Vela —en cuya poesía suele aparecer una profunda nota latinoamericanista— ha recibido por su obra poética, entre otros, el Premio Municipal de la Ciudad de Buenos Aires (1972), el Premio Fundación Argentina para la Poesía y el Gran Premio de Palermo (Italia). También fue representante diplomático en Alemania Oriental, Costa Rica y Corea. Son muy notables, poéticamente, sus *Fragmentos Americanos.* Define a Alejandra en el siguiente poema:

"Tu esqueleto de espumas / Tu infancia hasta el fin de los días". (*Poesía y Libertad,* Almagesto, 1996). En estas cartas resuena, como en pocas otras, una gran confianza y ternura por parte de Alejandra, que vio siempre en Rubén Vela una figura paternal y enamorante.

I Sin fecha

Mi muy querido Rubén: Desde algunas semanas atrás que estoy esperando un instante de paz para poder decirte lo que se me ocurra sin que sucesos extraños vengan a entrometerse. Anduve enajenada con un asunto judicial que nos sobrevino a mi familia y a mí, felizmente superado ya. También di algunos exámenes en esta inefable facultad de letras en la cual me siento muy asfixiada, blasfemo y conjuro[1]. Pero por ahora continuaré en ella.

Me siento una muchacha tan sin futuro que el mero hecho de "seguir una carrera" me deslumbra, me da la sensación de no ser una exilada, una mendiga triste. Además, es necesario hacer algo aparte de escribir; de lo contrario se enloquecería estando siempre encima de los poemas. Y viendo que de lo esencial todavía no se dijo nada. Y tal vez no se diga nunca.

Pero sí hay mucho que decir de tu última carta. Desde hace muchos años no he sentido una alegría tan enorme, la he llevado conmigo, tan junto a mí, tantos días, la he releído tanto... Quisiera, cuando pueda reunir en un volumen mis poemas, dedicártelos. Ello sería un muy pequeño testimonio de mi agradecimiento por tu adhesión, por tu gran apoyo.

Para que no te sientas lejos aquí van algunas noticias: la primera es sobre la actividad poética que se ha ampliado.Todos los jueves, en La Razón, los poetas leen sus poemas. Ello está dirigido por Cócaro (!). Fui invitada a leer pero no acepté. Siento un gran rechazo de ir allí a leer lo que hice con sangre y llanto —aunque no sea nada genial— a unas cuantas señoras con sombreros. Las pocas veces que fui salí bastante desolada. Se lee muy bien, los aplausos son muy lindos, la gente amable y buena, los conocidos saludan con efusión. ¿Y la poesía? Ah... silencio, silencio. Luego me siento asqueada de mí misma por tanto derroche de tiempo y de energías. ¡Si se pudiera vivir nada más que "la verdadera vida"! Rilke tenía razón. Anduvo por acá una muchacha brasileña muy agradable. Le hicimos una recepción en lo de Souza. Como conoce muy bien el castellano y admira a Poesía Buenos Aires va a publicar en algunos diarios de Brasil versiones de poemas nuestros. ¿Le mando "Escena del prisionero"? Si deseas podrían ser poemas inéditos. Hoy me enteré que acaba de ponerse en venta tu nuevo libro que mañana mismo adquiriré. Tal vez le envíe algunos de estos poemas. Tú dirás.

He visto en El Hogar unas fotos de algunas esculturas de Marisa Núñez del Prado[2]. Quedé deslumbrada. ¿La conoces? Me gustaría, si tienes alguno, que le des un ejemplar de mi librito. Tengo necesidad de testimoniarle de alguna manera todo lo que me dio con pocas muestras de su obra.

Y por último un ridículo dibujito que hice en uno de mis pocos días de ocio. Lo hice para ti. Tal vez debiera sentir vergüenza de él, porque es muy íntimo. Pero no la

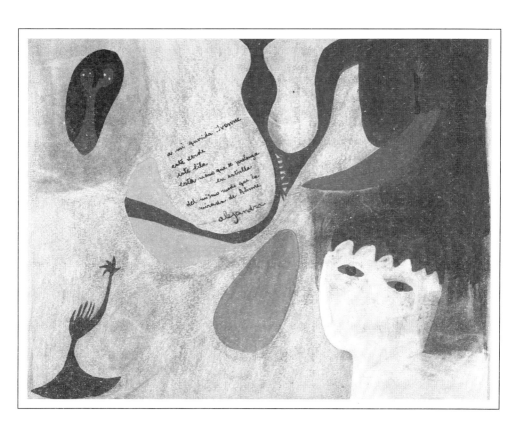

Dibujo en lápiz y témpera con motivo
de un cumpleaños de Ivonne B.
Turquesa, violeta,
ocre, lila y azul.

siento. Escríbeme de ti, cómo recibieron en La Paz tu libro, díme si vendrás a visitarnos.

Tuya
Alejandra

1. Que yo sepa, ésta es la única referencia dada por Alejandra sobre su paso oficial por la Facultad. Ana María Barrenechea, profesora universitaria —transcribimos cartas a ella más adelante— cuenta que en una ocasión habían hecho juntas, con Susana Thénon, un paseo nocturno en un coche a caballo de los que se alquilaban entonces en la Avenida 9 de Julio, y que al pasar por la puerta de Viamonte, Alejandra había escupido en dirección a los venerables claustros...

2. Alejandra se refiere aquí a la gran escultora boliviana Marina Núñez del Prado.

II[3]

Querido Rubén:

Despertar y encontrarme con tu mensaje, con esas fotografías que celebran y alaban, en las que todo se resuelve en una aceptación de la tierra. No hago más que contemplarlas y con ellas —por ellas— es como si me comunicara con algo que fui hace mucho, mucho tiempo —tal vez cuando el tiempo no existía—, es como si presintiera algo a modo de origen, algo colmado de tierra y de alas, de espuma, de lenguaje de flores. Y esa "madre tierra" dolorosa, jamás resignada, creándose y creando, diciendo que no todo es vacío sino que aún hay posibilidades de ser, tan inocente, tan terrible. Si de algo vale mi adhesión a su arte dile a Marina[4] que aquí hay una muchacha que considera que sus esculturas son una de esas pocas cosas por las que vale vivir.

Y ya que dije vivir debo hablar de poesía, de la mía, de la que estoy haciendo, de la que está haciéndome... Comienzo a tener conciencia de ella, la quisiera lo más sencilla posible, desnuda, esencial, inocente. Las que aquí te envío son anteriores a mis meditaciones. Quisiera publicarlas porque aquí están encerradas, no viven para nadie, nadie se despeña en ellas. Quisiera saber si es posible publicarlas en Altamar. De ser así me gustaría que fuese lo antes posible porque de lo contrario está el riesgo de obedecer a una voz casi inaudible que me aconseja romper todo lo escrito y empezar de nuevo. No sé cómo funciona Altamar con respecto a los autores pero si éstos sostienen su edición, creo que no tendré inconvenientes. Hoy me ha llegado tu libro "La bestia del cielo", del que te hablaré en la próxima carta. Un gran abrazo

Alejandra

3. Aun cuando no lleva fecha, la carta está dirigida a La Paz, Bolivia, en los primeros meses de 1958. El 15 de agosto del mismo año Rubén Vela publicaría en Altamar *Las aventuras perdidas,* que Alejandra le dedicó. Altamar era una colección de poesía que dirigían conjuntamente Raúl Gustavo Aguirre y Rubén Vela, quienes también editaban Poesía Buenos Aires.

4. Marina Núñez del Prado.

III[5]

Mi muy querido Rubén: te vas y desapareces y después Alejandra tiene que volver a su habitual oficio de rompedora de silencios. Pero decí al menos si vives, si escribes poemas, si por allí hay poetas tan grandes como tú y yo o si debemos resignarnos a ser Unicos.

Yo estoy aquí y mi corazón en Europa. Dentro de unos cuatro meses —si todo va bien— me iré a París. Tal vez antes publique un cuadernillo de poemas. No sé si presentarlo al Fondo de las Artes o publicarlo, como antes, en Altamar. ¿Sigue funcionando Altamar? Lo cierto es que desearía publicarlo sola. Odio los trámites y las dávidas ministeriales. En cuanto a París, si me preguntas como hago para ir, no sé qué responder. Pero me tomaré un barco blanco y grande, con mi saco Montgomery y mis anteojos negros, sin un céntimo como siempre y me iré. Lo esencial es querer algo y yo quiero ir. Lo demás se arreglará. Por otra parte, no me importa si se arregla o no. Lo esencial, como tú dices, es vivir, la vida. Etc. Etc. Etc.

La poesía va bien. No te envío poemas porque están en laboratorio: estoy en un gran proceso de síntesis. Muy pronto te enviaré algo, unos pocos pájaros de fuego, unos delirios, unas breve palmada en el hombro tieso de la señora muerte. Días pasados hablé por la radio, mucho tiempo, y temblando de miedo, hablé de la poesía, hablé de ti, de lo que has hecho en La Paz. Tal vez, cuando ande en Europa, te visite. Es muy probable. ¿Adónde vas?[6] me van a preguntar. En seguida vengo, diré, voy hasta Valencia a tomar una copa con Rubén y vengo. (Hoy en día los poetas no pueden ser provincianos.)

Otra cosa: la exposición de Marina no se hizo ni se anunció. ¿Me podrías dar su dirección así le escribo de una vez por todas? Dime de ti, de Nina y de la gran Alejandra[7]. Un abrazo

Alejandra

5. Carta de los primeros meses de 1959. Vela había dejado Bolivia y tenía un cargo diplomático en Valencia.

6. Luego de treinta años de andanzas diplomáticas, las cartas de Alejandra se habían extraviado entre los equipajes siempre zarandeados de Rubén Vela.

Dos meses antes de dar por fin con éstas, Rubén Vela escribe un poema, *Alejandra,* en el cual dice:

"Ruedan los dados sobre un tapete
verde. Ruedan las palabras sobre
una página en blanco. Ruedan,
ruedan hacia un destino incierto.
He aquí la elección: escribir o morir.
Nada tan fácil, nada tan difícil.
Y el espejo se rompe y la luz
se desvanece. Alejandra, Alejandra
¿adónde vas?"

7. Alejandra es la hija mayor de Rubén Vela y Nina su mujer.

IV SIN FECHA

Querido Rubén: "Pequeña de tanta muerte..." acabo tu libro tan hermoso —salvo un solo verso: el segundo del primer poema (!)

Enviáselo con urgencia a:
Monsieur Philippe Crocq
Directeur de "Le chien de Picque"
21, rue Serpente
Paris 6e.
(de mi parte). Philippe sabe español y seguramente te traducirá algunos poemas en su revista.

Espero que estés bien de salud a pesar de las algas, los bambúes, y las intelectualistas.

Me quedo aquí, a mediodía, repitiendo "Pequeña de tanta muerte" que me evoca perfumes verdes, lianas que conocí en otra vida y un gran deseo de respirar en un lugar muy alto.

Un abrazo de
Alejandra

CARTAS A
LEON OSTROV

Cuando tenía veintiún años, aquejada por el asma y algunos transtornos verbales menores, Alejandra Pizarnik comenzó a tratarse con el psicoanalista León Ostrov, psicólogo, profesor de Psicología Experimental en la UBA, poeta a veces y ensayista de perfil humanista muy personal, apasionado lector de Dostoievsky, que solía abogar por nuevas perspectivas en los caminos de la terapia —como lo prueba su *Verdad y caricatura del psicoanálisis.*

Así nace una relación de diálogo y confianza que perdurará mucho tiempo. Ostrov fue una suerte de padre literario para Pizarnik, quien le dedicó *La última inocencia* (Poesía Buenos Aires), su segundo libro, en 1956, y uno de los poemas de *Las aventuras perdidas* (Altamar, 1958), *El despertar,* donde ya comienza a percibirse la estatura total de Pizarnik como poeta, particularmente en el final estremecedor:

> "Señor
> La jaula se ha vuelto pájaro
> Qué haré con el miedo."

"Mi primera impresión cuando la vi fue la de estar ante una adolescente entre angélica y estrafalaria. Me impresionaron sus grandes ojos, transparentes y aterrados, y su voz, grave y lenta, en la que temblaban todos los miedos. (Me acordé de esa criatura perdida en el mar de la que habla Supervielle)... Desde los primeros momentos supe que con ella (...) algo importante se incorporaba a nuestras letras... Quedaba, en ocasiones, si no olvidada, postergada mi específica tarea profesional, como si yo hubiera entrado en el mundo mágico de Alejandra no para exorcizar sus fantasmas sino para compartirlos y sufrir y deleitarme con ellos, con ella. No estoy seguro de haberla siempre psicoanalizado; sé que siempre Alejandra me poetizaba a mí. (...) Más allá de sus desfallecimientos, de sus angustias, de sus abandonos, de sus muertes —de su muerte— sabía yo que estaba salvada, irremediablemente, porque la poesía estaba en ella como una fuerza inconmovible."

Así se expresa Ostrov en su "Recuerdo de Alejandra Pizarnik" (*La Nación,* 1983).

Testigo de este vínculo son los fragmentos de cartas y del diario personal de Alejandra enviados por ella a Ostrov y trasmitidos a Inés Malinow, poeta, narradora y ensayista. Malinow publicó estos textos en su introducción a los poemas de Pizarnik en *Poesía argentina contemporánea* (Buenos Aires, 1980, Tomo 1, parte VI, pp. 2833-2839). Las cartas no llevan fecha, pero fueron todas enviadas desde París, es decir en el período 1960-1964.

DIARIO

7 DE DICIEMBRE DE 1952

Mi soledad maúlla. La tapo con promesas vagas. Mentir. Mentir, sí. Algún día encontrarás este diario y será antiguo, algún día verán mis fotos y se reirán de la moda actual. El vanguardismo será clasicismo y otros jóvenes rebeldes se reirán de él. Pero... ¿es posible soportar esto? Quiero morir. Tengo miedo de entrar al pasado. Pienso en alguna mujer de mi edad de hace un siglo. ¿Qué hacía cuando estaba angustiada? ¿Qué?

CARTAS

I

PARÍS, FINES DE 1960

Mi vida aquí va y viene, es la corriente de siempre, esperanza y desesperanza. Ganas de morir y de vivir... Lo demás está en la duda: no sé si volver o quedarme (en mi empleo). Aún no me dijeron que me aceptan definitivamente pero sospecho que así será y después de todo, qué importa volver o no, mejor dicho, importa no volver, importa mi soledad en mi cuartito —que he llegado a querer—, mi libertad de movimiento y esta ausencia de ojos ajenos en mis actos. Si no fuera por mi enamoramiento (que me lleva muchas veces a errar por las calles y buscarla: en cada rostro, en cada árbol, en cada perro, en las hojas muertas, en las sombras; y la tristeza definitiva de volver después de no haber encontrado ¿y qué encontrar si lo que se busca no existe?) mi vida sería tranquila y posiblemente dichosa, pero de esta nueva irrealidad en que me he sumido, este amar absurdo (ocurriendo, como siempre en estos casos, que no recuerdo su rostro verdadero)... En fin, tengo mucho miedo y sin embargo estoy maravillada, fascinada por lo extraño y lo inextricable de todo lo que soy, de todas las que soy y las que me hacen y deshacen.

II

SIN FECHA

... Tensión a toda hora. La cuestión de siempre: destrucción o creación, sí y no. Me repito la frase aquella que leí hace mucho:

"Le seul remède contre la folie c'est l' innocence des faits."[1]

Felizmente no ha muerto el humor y no deja de divertirme mi vida cotidiana en la que mi torpeza actúa y transforma todo en un viejo film de Chaplin. Así es como me resistí durante muchos meses a lavarme la ropa (me compraba cosas nuevas), lo que impidió suicidarme porque, ¿qué poeta se dejaría manosear sus valijas de muerto si hay en ellas ropa no lavada?

... De pronto me di cuenta de lo que es la poesía, quiero decir, leyendo y releyendo poetas muy distintos sentí cierto ritmo, cierta iluminación, cierta vivencia distinta del lenguaje. Mis últimos poemas son lo mejor que hice. (¡Y qué hice!). Pero no me contentan. Confieso tener miedo. Sé que soy poeta y que haré poemas verdaderos, importantes, insustituibles, me preparo, me dirijo, me consumo y me destruyo. Es mi fin. Y no obstante corro peligro. Tal vez si me encerraran y me torturaran y me obligaran mediante horribles suplicios a escribir dos poemas maravillosos por día, los haría. Estoy segura de ello. Tal vez yo no busco un maestro, busco un verdugo...

... Le di ideas buenas[2]. Pero hacer los diálogos me es imposible. Yo no sé hablar como todos, mis palabras suenan extrañas y vienen de lejos, de donde no es, de los encuentros con nadie. ¿Qué artículos de consumo fabricar con mi melancolía a perpetuidad?

III
1961

... Veo a una psicoanalista: M. S., que trata de enseñarme (con escaso provecho) a relajarme. Esto último me ha llevado a pensar en mi psicoanálisis, en la posibilidad, o imposibilidad, de que un ser ayude a otro. Yo creo que hay algo muy complejo y difícil y terrible en la gente como yo: los que quieren curarse y demandan ayuda: Ayúdame pues no quiero que me ayuden[3]. Actualmente todo me es difícil e inextricable. Siento que me transportaron de la selva a la ciudad. De los dioses implacables (pero dioses al fin pues *yo* los hacía) a los hombres, los prójimos, los de aquí. Resultado: ni sueño, ni realidad."

IV

El hecho de que casi todo lo que hago en la oficina es maquinal y rutinario (casi siempre copias a máquina) es justamente lo que me hace falta. Primero porque soy automática por naturaleza y segundo porque por más que me demuestre lo contrario no sirvo para las tareas de creación en una oficina *simplemente porque no soy de este mundo*. Es más: muchas veces quise ser periodista, pero sé bien que lo quise por juego de niña. En el fondo me horroriza escribir sobre no importa qué para ganar dinero.

... Pero después es la mañana, y me despierto enamorada de mi vida, son las ocho y el autobús bordea el Sena y hay niebla en el río y sol en los vitrales de Notre Dame, y ver a la mañana, camino a la oficina, una visión tan maravillosa y aún la lluvia, y aún este cielo de otoño absolutamente gris —tan de acuerdo con lo que siento—, este cielo que amo mucho más que el sol, pues en verdad no amo al sol, en verdad amo esta lluvia, esta tristeza en lo de afuera. Me asusta tal vez caminar por la gare St. Lazare, cuando desciendo del autobús y entrar en la masa anónima de oficinistas y seres que van como si les hubieran dado cuerda, rostros muertos, ojos mudos. Entonces digo: en vez de estudiar y hacer lo que te corresponde he aquí que eres como ellos: una oficinista más; lindo destino para una poeta enamorada de los ángeles.

... Con todo mi respeto por el psicoanálisis me atrevo a no estar de acuerdo sobre la importancia de "ganarse la vida" una misma. Creo que me la ganaría más quedándome dormida hasta muy tarde y recibiendo dinero sin tener que escribir a máquina doscientas direcciones por día. Pero tampoco es posible hacer solamente poemas. En cambio sí es posible pintar todo el día o escribir novelas.

Tal vez el mito del poeta que sufre cuyos "únicos instrumentos son la humillación y la angustia" viene de esta imposibilidad de hallar un ritmo de creación, una continuidad, un hacer día a día. Es posible que si mi trabajo fuera más interesante no me quejara.

.... Como mis finanzas van atrozmente mal le acabo de hacer un reportaje a Marguerite Duras que me dejó contenta pues nuestro encuentro fue opuesto al que tuve con Simone de Beauvoir, es decir que fue interesante y las dos simpatizamos enseguida. Además, comenzaré a hacer un poco de crítica poética para *Cuadernos*. Al diablo las ideologías. No estoy dispuesta a morirme de hambre en homenaje a los intelectuales de izquierda[4]. Aparte de esto, envejezco y no tengo ganas de volver a Buenos Aires. Me lleno de galicismos y pierdo mi sentido del humor, como lo demuestra esta cartita. No obstante me siento aún adolescente pero por fin cansada de jugar al personaje alejandrino. De todos modos no hay ante quien jugar, a quien escandalizar, a quien conformar, pero me gusta la vida siempre, ya lo decía...

Simplemente no soy de este mundo[5]... yo habito con frenesí la luna... No tengo miedo de morir; tengo miedo de esta tierra ajena, agresiva... no puedo pensar en cosas concretas; no me interesan... Yo no sé hablar como todos. Mis palabras son extrañas y vienen de lejos, de donde no es, de los encuentros con nadie... ¿qué haré cuando me sumerja en mis fantásticos sueños y no pueda ascender? Porque alguna vez va a tener que suceder. Me iré y no sabré volver. Es más, no sabré siquiera que hay un "saber volver". Ni lo querré acaso.

1. El único remedio contra la locura es la inocencia de los hechos.

2. Se refiere Alejandra aquí a conocidos que le habían ofrecido hacer un guión, según explica Inés Malinow.

3. Esta frase se reencuentra textualmente en el poema Figuras y Silencios, de *Extracción de la piedra de la locura:*

> Manos crispadas me confinan al exilio.
>
> Ayúdame a no pedir ayuda.
>
> Me quieren anochecer, me van a morir.
>
> Ayúdame a no pedir ayuda.

4. *Los Cuadernos por el congreso de la libertad de la cultura,* que dirigía Arciniegas, donde también colaboraban Héctor Murena y Julio Cortázar. En los ambientes progresistas de izquierda de aquel tiempo, la revista no era considerada suficientemente de avanzada. Pizarnik experimentaba un fuerte rechazo por los compromisos políticos de cualquier especie. La historia de su familia judía en Polonia, diezmada sucesivamente por los nazis y por los comunistas, le otorgaba un total desinterés por cualquier clase de sacrificio en aras de una ideología correcta.

5. Este fragmento procede del artículo de Ostrov en *La Nación.*

CARTAS A
ANTONIO BENEYTO

Antonio Beneyto, poeta y pintor, amigo y ferviente admirador de Alejandra, editó de ella, en Barcelona, *Nombres y figuras* (La Esquina, 1969), y luego *El Deseo de la palabra* (Ocnos, 1975), un texto póstumo que recoge ensayos críticos, poesía y poemas en prosa de Pizarnik. Esta última publicación fue sugerida por Beneyto mismo, y fue el último proyecto editorial en que se embarcó Alejandra, quien, dos semanas antes de su muerte, continuaría comunicándose con Beneyto a propósito de esta importante edición. La idea de Beneyto era romper con las estructuras formales ortodoxas y hacer un libro "locamente loco", en el cual se agruparan prosas y poemas, textos líricos y textos obscenos, y al cual, según propuesta de la misma Alejandra, deberían añadirse sus dibujos, a más de fotos de ella tomadas por Martha Moia, de la cual Alejandra estimaba y recomendaba "la valiosa colaboración". El proyecto sólo pudo realizarse parcialmente, ya que problemas con la editorial La Esquina postergaron la publicación, que se efectuó sólo en 1975, en la colección Ocnos, de Barral editores, la misma editorial que publicaba, entre otros, a Juarroz, Lezama Lima, Girondo, Alberti, Borges, y Gelman, y en cuyo consejo —encabezado por Joaquín Marco como director— figuraban entre otros José Agustín Goytisolo, Jaime Gil de Biedma, Manuel Vázquez Montalbán, Luis Pedro Gimferrer, Angel González y Carlos Barra. Dibujos, fotos y textos críticos de Orozco, Molina, Pieyre de Mandiargues y Sucre se suprimieron, lamentablemente, en esta edición —que sin embargo, según la opinión de Beneyto, sigue siendo heterodoxa por el solo hecho de provenir de Alejandra, en su selección de lo que ella misma llamaba sus "textos malditos". Como lo dice en el epílogo que la acompaña, Beneyto aspiraba a recuperar a "toda Alejandra" en este libro donde vuela "un halo transparente, en el que en el fondo asoma el águila con las alas abiertas". Alejandra no dejó de secundar el proyecto, ya que la política un tanto miope de Sudamericana en cuanto a no reeditar sus exitosos y agotadísimos libros de poesía no le dejaba otro camino a elegir. "Les vendría bien renacer gracias a ti", le escribió a Beneyto al comienzo de ese período. Para abril o mayo de 1972 Alejandra anuncia el envío de sus *Obras Selectas:* "Será un bello libro, y sobre todo y lo esencial, será nuestro". A lo que responde Beneyto: "Será un libro libre, y nostálgico del jardín prohibido que somos nosotros". En agosto de 1972 el manuscrito parte a Barcelona; la última carta de Alejandra a Beneyto está fechada el 12 de septiembre, sólo dos semanas antes de su muerte, y no llegó a ser remitida por Alejandra misma.

En 1983, en el número 36 de *Quimera,* una revista barcelonesa, Beneyto publicó un artículo, "Alejandra Pizarnik. Ocultándose en el Lenguaje", en el cual transcribe algunos fragmentos de cartas que Alejandra le había enviado desde París, fragmentos donde se escucha el mismo tipo de terror que caracteriza la correspondencia con Ostrov, y que corroboran —a pesar de la indudable creatividad desplegada— la angustia de ese período.

La nota especial es la referencia a los pintores que deslumbraban a Alejandra, quien solía decir que esperaba que su poesía alcanzara el mismo silencio que un cuadro.

"En cuanto a la inspiración, creo en ella ortodoxamente, lo que no me impide, sino todo lo contrario, trabajar mucho tiempo un solo poema. Y lo hago de una manera que imita, tal vez, el gesto de los artistas plásticos: adhiero la hoja de papel a un muro y la contemplo, cambio palabras, suprimo versos. A veces, al suprimir una palabra, imagino otra en su lugar, pero sin saber aún su nombre. Entonces, a la espera de la deseada, hago en su vacío un dibujo que la alude. Y este dibujo es como un llamado ritual. (Agrego que mi afición al silencio me lleva a unir en espíritu la poesía con la pintura; de allí que donde otros dirían instante privilegiado yo hable de espacio privilegiado.)" (Quince Poetas, *selección y prólogo de César Magrini, Ediciones Centurión, 1963.)*

I

SIN FECHA

... Pero aquí me asalta y me invade muchas veces la evidencia de mi enfermedad, de mi herida. Una noche fría fue tan fuerte mi temor a enloquecer[1], fue tan terrible, que me arrodillé y recé y pedí que no me exilaran de este mundo que odio, que no me cegaran a lo que no quiero ver, que no me lleven adonde siempre quise ir.

... Creo que mis angustias en París provienen del brusco cambio de vida; yo que soy tan posesiva me veo aquí sin nada: sin una pieza, sin libros, sin amigos, sin dinero... Mi felicidad más grande es mirar cuadros: lo he descubierto. Sólo con ellos pierdo conciencia del tiempo y del espacio y entro en un estado casi de éxtasis. Me enamoré de los pintores flamencos y alemanes (particularmente de Memling por sus ángeles) y Chagall (los preferidos por ahora)[2]...

---

1. Es curioso que los comentaristas que se han dedicado infaltablemente al silencio, la poesía como aventura imposible, la muerte y la infancia como temas permanentes en Pizarnik, hayan soslayado sistemáticamente el motivo del temor a la locura, muy presente en ella. Una sola excepción: Suzanne Chávez Silverman, The Discourse of Madness in the Poetry of Alejandra Pizarnik, *Revista Monográfica*

6, pp. 274-281. Este temor resultó además trágicamente profético: recordemos que en 1971-1972 Pizarnik fue internada en el Pabellón Psiquiátrico del Hospital Pirovano, una experiencia probablemente devastadora, de la cual muy poco se sabe, tanto por parte de Alejandra como de sus allegados.

2. Llama la atención la extrema diferencia en los pintores que Alejandra prefiere, el uno recogido y místico, el otro fantástico e infantil (en el mejor sentido de la palabra). Ambos son, sin embargo, profundamente religiosos, en el sentido en que la religiosidad atraía a Alejandra, más allá de todo credo establecido.

En el mismo artículo Beneyto cita la entrevista con Martha Moia (*La Nación,* 11 de febrero de 1973):

> A. P. *"Me gustaría pintar porque en la pintura encuentro la oportunidad de aludir en silencio a las imágenes de las sombras interiores. Además, me atrae la falta de mitomanía del lenguaje de la pintura. Trabajar con las palabras o, más específicamente, buscar 'mis' palabras, implica una tensión que no existe al pintar."*
>
> M. M. *"¿Cuál es la razón para tu preferencia por* La Gitana Dormida *de Rousseau?"*
>
> A. P. *"Es el equivalente al lenguaje de los caballos en el circo."* ... *"Yo quisiera llegar a escribir algo semejante a la* Gitana Dormida *del Aduanero, porque hay silencio, y a la vez, alusión a cosas graves y luminosas."*

Recordemos que Alejandra hizo un breve pasaje por el taller de Batlle Planas y que sus dibujos fueron expuestos en Buenos Aires, en la galería Guernica, conjuntamente con obras de Manuel Mujica Láinez y de Cecilio Madanes.

II
PARÍS, PRIMAVERA DE *1962*

... Hace muy pocos días que volví de Saint Tropez donde estuve "descansando" tres semanas en la villa que la Dra. Lauret posee frente al mar. Más que el mar y el sol y la piscina y la gente con la que me encontraba (Italo Calvino, Marguerite Duras) y la que veía pasar con fervor (Picasso), me exaltaba una pequeña motocicleta celeste que los dueños de casa pusieron a mi disposición. Cómo no me sucedió ningún accidente, por qué, son cuestiones que me hacen creer en la existencia de algo a modo de destino...

... En Saint-Tropez *caí* en la temida transferencia, así porque sí, porque un gesto, una mirada, una manera especial que tuvo L. de mirar unas pequeñas flores recién nacidas. Inútil decir mi estado "místico" de ahora, mi infierno, mi ausencia, mi sufrimiento, mi fragilidad. Tan segura y enmudecida que me creía después de estos dos años de soledad parisina... Nada de eso. Ahora, ahora ya no estoy sola sino perseguida por la imagen de ella (et c' est toujours la même et c' est le seul instant)[3]. Si tienes a mano el soneto "Artémis" de Nerval, léelo en mi honor, la primera estrofa te dirá más que esta carta[4].

3. "Y es siempre la misma y es el único instante."

4. El célebre cuarteto de Nerval mencionado por Alejandra dice:

"La Treizième revient... C'est encore la première;

Et c'est toujours la seule — ou c'est le seul moment:

Car es-tu reine, o toi! la première ou dernière?...

Es-tu roi, toi le seul et le dernier amant?..."

Vuelve otra vez la Trece... —¡es aún la Primera!

Y es la única siempre— ¿o es el único instante?

Dime, Reina, ¿eres tú la inicial o postrera?

¿Eres tú, Rey, el último? ¿eres el solo amante?

(Traducción de Octavio Paz)

Como puede verse, Alejandra cita en su carta la segunda línea de esta estrofa refiriéndose a su propia situación, pero aparte de otras inexactitudes altera la conjunción "ou" del original de Nerval en "et" —lo cual intensifica el dramatismo del verso, que evoca la sucesión de las horas con una innegable invocación a la muerte, la que sucede a la duodécima.

CARTAS A
ANTONIO REQUENI

Poeta de obra numerosa y muchas veces premiada (Fondo Nacional de las Artes, Premio Municipal de Poesía entre muchos otros), antologado recientemente en la colección del Fondo de las Artes y en un imprescindible volumen editado por Francotiradores, *El vaso de agua,* Antonio Requeni fue algo así como un compañero de juegos poéticos, una suerte de hermano mayor ideal para Alejandra: su relación se basaba en la mutua diferencia aceptada —Antonio con su estirpe de claridad italiana y clásica, Alejandra con su candente veta de oscuridad y vanguardia. Así la recuerda él en el testimonio que precede a estas cartas, editadas en una primera oportunidad en la Revista *Alba de América,* publicación de California:

> *"La veo todavía en aquella casa de la calle Lambaré, en cuyo zaguán nos sentamos una noche, al regreso de una reunión literaria, a recitarnos versos." "Algunas veces nos encontramos en el bar Florida de Viamonte, entre Florida y San Martín, y recuerdo una tarde en que, al salir del bar, doblamos por San*

Martín hacia Córdoba y ella se detuvo ante los cajones con man-
zanas de una frutería, expuestos en la vereda. Tanto la maravi-
lló la presencia carnal de la fruta, su rojo brillante, o acaso, su
aroma con reminiscencias de Paraíso y de pecado, que se apoderó
de una manzana y salió corriendo —yo con ella— mientras el
frutero, advertido del hurto, levantaba su puño amenazante y nos
insultaba desde la puerta del negocio. Fue una travesura de ni-
ños; yo —seis años mayor que ella— no era precisamente una
criatura, pero su compañía tenía la virtud de devolverme a la at-
mósfera alegre y traviesa de la infancia."

"Alejandra y yo fuimos dos hermanos unidos por comunes
hallazgos e ilusiones, a quienes no consiguen separar, con el
tiempo, temperamentos o convicciones distintas. Porque en mate-
ria de poesía los dos seguimos caminos opuestos. Yo opté por la
transparencia expresiva, por la comunicación y el sentimiento
—un día Alejandra me dijo, sonriente, que era un sentimental
sin remedio, un poeta de otra generación que moriría aplastado
por una lágrima—, mientras ella eligió el camino más arduo y
oscuro, el más alucinante y angustioso; el de aquellos poetas
abismales que ofrecieron su destino a la poesía y se quemaron en
su fuego."

"Alejandra creó su poesía, pero en igual o mayor medida,
su poesía creó a Alejandra Pizarnik (...) personalidad marca-
da con el sello, o el estigma, de una tremenda lucidez". Cuando
volvió a Buenos Aires desde París "los hermosos rasgos de su ros-
tro, siempre reacio al maquillaje, se habían endurecido. El su-
yo era ahora un rostro todo inteligencia, que trasuntaba además
una desasosegada vida interior".

En el *Clarín* del 28 de diciembre de 1972, unos tres
meses luego de la muerte de Pizarnik, Antonio Requeni
publica una nota titulada "Un destino más vasto que la
muerte" (título que remite a Hölderlin: "La poesía es un

destino más vasto que la muerte") acompañada de dos de los mejores poemas de Alejandra: "A Janis Joplin", dedicado a la famosa cantante norteamericana, y "Al Alba Venid", inspirado en los ritmos de las *Canciones de amigo* y dedicado a Silvina Ocampo. No podría haber mejor elección: este díptico magistral anuncia y describe en dos tonos absolutamente antípodas el sentimiento de la cercanía de la muerte en Alejandra.

El tono de las cartas de Pizarnik a Requeni revelan en particular una clara confianza y una gran ternura. Señalan también el deslumbramiento de la llegada a París, el ascenso vertiginoso hacia las grandes personalidades literarias que marcarían la época —Paz y Cortázar— y conjuntamente, las enormes dificultades para encarar la vida cotidiana y la angustia subsiguiente que de estas imposibilidades se derivaban para Pizarnik. Por todo ello, son un testimonio tan necesario como invalorable.

Pero también estas cartas atestiguan cómo dos poetas de raigambre estética muy opuesta pudieron entenderse, estimarse y ayudarse generosamente, más allá de ridículas fronteras de cenáculos vanguardistas o tradicionales: son la prueba de una ejemplar disposición para lo universal en ambos —universalidad hoy duramente amenazada, en estos tiempos mediáticos que nos comunican planetariamente por una parte y nos ensordecen por otra, aislándonos en pequeñas torres electrónicas y entronizando en el poder grupos cada vez más restrictivos y opacos en sus exclusiones.

I
SIN FECHA

Antonio: entonces el ángel que firma con mi nombre
me dictó este poema para ti[1].

Dibujo con dos niñas enlazadas

Afuera hay sol.
No es más que un sol
pero los hombres lo miran
y después cantan.

Yo no sé del sol.
Yo sé la melodía del ángel
y el sermón caliente
del último viento.
Sé gritar hasta el alba
cuando la muerte se posa desnuda
en mi sombra.

Yo lloro debajo de mi suspiro.
Yo agito pañuelos en la noche

y barcas sedientas de realidad
bailan conmigo.
Yo oculto clavos
para escarnecer a mis sueños enfermos.

Afuera hay sol.
Yo me visto de cenizas.

Alejandra Pizarnik

Dibujo pequeño con leyenda: "Reproducción del pájaro de la amistad"

1. Este poema aparece bajo el título "La Jaula" y es el primero de *Las aventuras perdidas,* el tercer libro de poesía publicado por Pizarnik en Altamar, 1958, y dedicado al poeta Rubén Vela.

II
SIN FECHA

Mi muy querido Antonio:

Gracias por tus palabras[2]. Yo te recuerdo mucho: cómo no hacerlo (la dulzura de tu voz, etc. etc.). Confieso que lloré cuando leí aquello de que "tendrías que venir a París pues es una ciudad cortada a tu medida". Seguro que iré. Y en eso estoy. Posiblemente iré en junio del año próximo salvo que consiga dinero antes o que suceda algo semejante. Díme cómo andan por allá cuestiones como alquilar una bohardilla en pleno centro (llena de luz) y cuestiones de un empleo de horario breve para una joven bien dotada y poeta. Sé que todo esto es difícil y preguntarlo es ingenuo. No obstante, confío en que los dioses de las muchachas tristes no me dejarán reventar dentro del seno duro y árido de la familia... Si supieras de una posibilidad o

65

certeza de empleo envía por mí que yo conseguiré alas. Díme también qué resulta —en pesos castellanos— vivir en un hotel sin pensión (decente, por favor). Y díme, por fin, cuánto tiempo te quedarás y si estarás aún el año próximo. Díme cómo te va, qué dicen las francesas de ti (¿no estarás gordo?). Dime si volverás a España. (Rubén Vela[3] fue con la embajada argentina a Valencia. Si quieres verlo o tal vez que te hospede, y no lo conocieras, yo le escribiré.) Díme si todo te es fácil o difícil. Yo..."no estoy en el mundo"[4]. Gracias por la postal colmada de magia. Me quedo a la espera de las infinitas respuestas. Tuya

Alejandra

Prepárame un bello francés o lo que fuere —
Je ne désire qu'un ange[5]
(Dicen que Rabindranath Tagore descubría formas divinas en sus tachaduras)

2. Línea tachada en el original.

3. Rubén Vela, poeta y amigo de Alejandra, de quien hemos trancripto dos cartas, actuaba como cónsul en Valencia en la época a la que se refiere el texto.

4. Línea tachada en el original.

5. No deseo sino un ángel.

III
SIN FECHA

Queridísimo Antonio:

Perdón por mi demora epistolar y perdón por haberte hecho pensar que podría haberte olvidado. No sé si sabías que yo pensé muchas veces en ti; de alguna manera te habrás dado cuenta de ello —cierto sonido en el aire, cierto perfume, algo, en fin, que te lo trasmitiera.

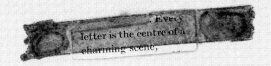

22/sept./1971

Every
letter is the centre of a
charming scene,

Qué bellos, qué irremediables, qué
pujantes, qué dulzísimos, qué inapelables,
qué ínfusos de temor y temblor, qué
nacidos de un muy alto brío, qué
exaltantes, qué perfectos, qué modo de
ser inspirados e inspirantes, queridísima
—oh, tanto! — Silvina,
son tus poemas de la
Revista de Occidente!

...ocionada,
...te besa
...dra

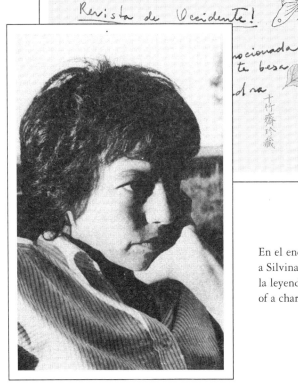

En el encabezamiento de esta carta
a Silvina Ocampo un recorte lleva
la leyenda "Every letter is the center
of a charming scene"

Recibí tu carta el día que llegué. Llegó como una mano amiga y me alegró enormemente.

¿Y qué puedo decirte de París que ya no sepas? Estoy enamorada de esta ciudad y de las callecitas que dicen, que cantan. No hago más que caminar y ver y aprender a ver; he conocido algunos jóvenes poetas y pintores franceses; reconozco que siento alguna nostalgia del castellano, tanto hablar francés me deja idiota. Para consolarme escribo algunos poemas —se me escriben. Creo que el francés es más bello cuando se lo lee que hablado o escuchado. La vida cotidiana (¿es que yo la vivo?) o lo que sea es tan dura como me anunciaste. Ya anduve mudándome bastante: de piecita siniestra en piecita alegre para caer, cuando el dinero finalizaba, en las fauces de la familia. Que no sepa ma charmante maman de mis mudanzas pues no haría más que preocuparse. Por ahora no viajaré a otro país no sólo por el ausente y absurdo dinero sino y sobre todo por mi enamoramiento de París y deseo de conocerlo profundamente.

Aun no empleé la direcciones que me diste. Soy patológicamente tímida cuando se trata de visitar personas que no conozco. Las que conozco son pocas, pero por ahora suficientes, y además, qué me puede hacer un poco más o menos de soledad. Y además cómo sentirla si no hago más que caminar, ver cuadros, teatro, cine, etc. Además (y como ves hay siempre un "además" —y que los haya por mucho tiempo es lo que ruego) he pensado mucho, me he conocido un poco más (lo cual es siempre triste) y he hecho, quiero creerlo, algún progreso en las cosas de adentro.

Conocí a Simone de Beauvoir. Nos encontramos en Les Deux Magots y hablamos varias horas. Es muy encantadora y accesible[6]. Terminé hablándole de mi piecita y de mi exaltada adolescencia. Tal vez la vea de nuevo.

También conocí a Octavio Paz, a quien veo con cierta frecuencia. Del París nocturno no sé nada... me entristece la idea de volver —si bien me alegra la de volver a ver (a verte) a los que quiero— pero quedarse aquí indefinidamente es duro, pues la única tarea que puede hacer una extranjera es demasiado infernal, cuidar niños o una cosa parecida lo que significa dar mi tiempo (lo único que poseo) a cambio de algunas miserias. Pero París, a pesar de ser tan caro, tiene algo que permite que cualquiera puede arreglárselas de alguna manera. Y si no fuera así, si una o uno no puede arreglárselas, qué importa si las callecitas dicen y cantan. Te dejo hasta muy, muy pronto, con un gran abrazo

Alejandra

No me tomes como ejemplo, que soy muy malo, y escríbeme lo antes que puedas, para que yo sepa con certeza que me perdonás la demora.

Consulat d' Argentine
11, rue de Madrid
Paris 8e
France

Esta carta casi telegráfica se debe a que son las 3 de la madrugada. La próxima será más larga.

6. Lo expresado por Alejandra en la carta a Ostrov sobre su encuentro con Marguerite Duras obliga a tomar con cierta relatividad los adjetivos de Alejandra. Recuerdo que de este encuentro con Simone de Beauvoir ella me relató que el punto de mayor comunicación se había establecido —previsiblemente— cuando Alejandra contó a Simone de Beauvoir su fuga de la casa paterna, en plena adolescencia. Es probable que la total carencia de intereses políticos de Alejandra haya decepcionado a Simone de Beauvoir, cuya energía y apertura al mundo de los acontecimientos exteriores poco tenían que ver con el universo de Alejandra. Mar-

guerite Duras, en cambio —algunas de cuyas fotos recuerdan notablemente a Alejandra— compartía el sentido del exilio interior y exterior de Alejandra, y su acercamiento al lenguaje se aproxima a la poética de Pizarnik.

IV
17 DE NOVIEMBRE

Queridísimo Antoñito:

Perdón por mi silencio, por mi demora en contestarte pero tengo muy poco tiempo, de manera que me limité hasta ahora a mandarte abrazos imaginarios. Pero hoy, que ando enfermita porque anoche tu amiguita se refociló más de la cuenta en un restaurant ruso, pienso en ti y en tu hermosa carta y entonces te envío señales y abrazos y mi agradecimiento por tu libro tan puro, tan cálido[7].

Lo que te dijo mi madre es relativamente cierto. Trabajo un poco en *Cuadernos,* donde corrijo pruebas de imprenta 4 horas por día y también colaboro, a veces, en la enciclopedia Larousse. *Cuadernos* es una revista muy horrible[8] de manera que mi contacto con ella es exclusivamente administrativo. Apenas consiga algo mejor cambiaré de sitio de trabajo.

Lo demás anda maravillosamente bien. Tengo una piecita muy linda en Saint Germain y rue du Bac y muchísimos amigos. He publicado en algunas revistas parisinas (*Lettres Nouvelles, La Nouvelle Revue Française* y otras de gente joven) y sigo haciendo poemas, más que nunca. Sólo me preocupa la nostalgia de mi madre...

A Octavio Paz le gustó mucho tu libro. Si quieres dame otros para Julio Cortázar y otros sudamericanos de aquí que valen la pena. Escribime pronto y no me olvides.

Y te retribuyo eróticamente —como una poetisa uruguaya— tu cálido abrazo incestuoso

Alejandra

9, rue de Luynes

Paris 7e

7. El libro de Requeni es *Umbral del horizonte,* Ediciones Tirso, 1960. Este libro ganó el Premio Alfredo Bufano del Consejo del Escritor.

8. Véase nota 4 de la correspondencia con Ostrov.

V

5/7/62

Querido Antoñísimo:

me alegró mucho tu carta, lo que me contás, lo que hacés. Te aconsejo no pensarlo dos veces y venirte a los parises en cuanto puedas. Vos y yo sabemos que vale la pena.

Yo estoy bien, guapa, esbelta, infantil y siniestra como de habitude. Entre amores y errores, y trabajando mucho, trabajando como quien quiere salvarse.

Me parece una gran idea lo del suplemento VUELO[9] y espero que me mandes un ejemplar o varios si es que tenés ganas que lo difunda por acá a la mejor gente hispanoparlante. La colaboración que puedo y quiero darte es, como ya podés imaginar, poética: tengo poemas —en verso y en prosa. Pero antes necesito verlo para saber si las prosas te convendrían porque son bastante delirantes y terribles, escritas en mis momentos más dostoyevskianos[10]. Del mismo modo le podría pedir colaboraciones a Julio Cortázar, Eduardo Jonquières[11], Juan Liscano[12], André Pieyre de Mandiargues (el surrealista) y varios poetas jóvenes que aquí son bastante conocidos. Olvidaba mencionar también a Arnaldo Calveyra, Ivonne Bordelois y Sylvia Molloy, las dos últimas son excelentes críticos literarios (argentinas). Octavio Paz acaba de partir a México y al preguntarle yo si me daría un artículo para VUELO me confió que está decidido a no hacer un solo artículo más, ni tampoco tiene ganas por ahora de publicar poemas.

Decime entonces, lo que deseas. Cuanto a hacer reportajes, me siento débil para esas cosas, por ahora. Vos sabés bien que el reportaje no es mi vocación[13]. Pero también sabés que quiero ayudarte en todo lo que necesites.

Si conseguís un ejemplar de tu González Carbalho[14] mandámelo. Me interesará mucho leerlo.

He andado publicando algunas cosas en revistas de por aquí: en la *Nouvelle Revue Française* y en *Les Lettres Nouvelles*. También en Alemania y (oh) en el Líbano.[15]

Bueno, te escribo a todo lo que da la máquina (qué da en este mundo una máquina). No te olvides de tu Alejandrísima que te manda un gran abrazo

Alejandra

Mi dirección: 30, rue Saint Sulpice. Paris 6e / France

9. *Vuelo* era una revista surgida del *Boletín de la Asociación Gente de Arte* de Avellaneda, donde colaboraban, además de Requeni, Máximo Simpson, Alberto Szpunberg y Andrés Avellaneda, escritores que se harían conocer en la década del sesenta.

10. Esta es una mención que prueba que Alejandra se había embarcado en sus prosas poéticas bastante antes de la publicación de los libros de poesía —*Arbol de Diana* y *Los trabajos y las noches*— que cimentaron su reputación en Buenos Aires a fines del sesenta y comienzo de los setenta. Las primeras en haber aparecido son las prosas poéticas de *Papeles de Sons Armadans,* en 1969.

11. Eduardo Jonquières, pintor y poeta neo-romántico de la generación del cuarenta, fue funcionario de la UNESCO. Reside actualmente en París.

12. Juan Liscano, venezolano, poeta, fundador y director de *Zona Franca,* una importante publicación con un papel equivalente a *Sur* entre nosotros. Durante un

tiempo residió en Buenos Aires como representante de la editorial Monte Avila. Véase más adelante la introducción a las cartas que Alejandra le dirige.

13. Esta afirmación debe ser tomada con suficiente perspectiva. Pizarnik realizó y publicó entrevistas que resultan ejemplares por lo agudo y astuto de las preguntas, la flexibilidad en el transcurso del diálogo y la atención permanentemente lúcida con que seguía el discurso de su interlocutor en sus más interesantes meandros e implicaciones. Prueba de ello son las que realizó con Juan José Hernández, Roberto Juarroz, Victoria Ocampo y Jorge Luis Borges en *Zona Franca*. En esta última oportunidad la acompañaba yo y, aún cuando estuve a cargo de la formulación de las preguntas, las mismas habían sido en su mayoría planeadas por Alejandra. Ella permaneció enroscada como gato hipnotizado en un sillón de la casa de Borges, mientras yo, con la ligereza de mi juventud, me movía con inconsciente desparpajo entre estos dos Himalayas de nuestra literatura, tan opuestos entre sí y al mismo tiempo, escritores ambos que sólo la Argentina podía producir, con una amalgama tan especial de raigambres europeas y porteñas como solamente entre nosotros, creo, puede producirse.

Las mismas características desplegaba en su conversación. Aun cuando en fiestas y ocasiones sociales Alejandra pudiera haber demostrado actitudes destinadas a concentrar la atención en sí misma, como dicen algunos — nunca tuve la ocasión de comprobarlo— en su diálogo no era en absoluto narcisista y conducía a su interlocutor, casi imperceptiblemente y sin jamás forzar una confidencia o imponerla, a ese "espacio de revelaciones" desde donde podían vislumbrarse luces y oscuridades inadvertidas hasta entonces en nuestras vidas y nuestras personalidades. Estoy prácticamente segura de que el recuerdo de estos diálogos ha quedado para todos los que los compartimos como la memoria de un privilegio irrepetible y muy difícil o imposible de describir o de reproducir en toda su profundidad.

14. José González Carbalho. Selección y prólogo. Ediciones Culturales Argentinas. Colección del Sesquicentenario. Ministerio de Cultura y Educación, 1961. Mentor poético de Requeni, González Carbalho representa la tendencia lírica tradicionalista que ilustraron en nuestro país poetas como Roberto Ledesma y Jorge Vocos Lescano, entre otros.

15. Lamentablemente, se ha perdido la huella de estas publicaciones, que sería interesante reunir por su valor poético o crítico y también porque arrojarían una

pista crucial sobre el rico y variado mundo de conexiones culturales y literarias que Pizarnik supo tejer a su alrededor, apenas llegada a París.

VI

Escrito al dorso de una tarjeta que representa un cuadro de Chagall, Le poète allongé, *1915,* Tate Gallery, *Londres.*

18 DE OCTUBRE

Mi querido Antonio, dulcemente reposa el poeta, dulcemente sueña que reposa, que reposamos o reposaríamos. Gracias muchas veces —acompañadas muchas veces de dulces y reposantes ósculos en cada mejilla— por tu artículo maravillosamente escrito y lleno de afección. No te procupes por **falansterio**[16], término que saboreé lentamente. No todo el mundo es dueño de un falansterio... Yo, no sólo lo poseo sino que hasta que lo comentan en un diario. Me alegra enormemente que estés enamorado (sea fantasmal o no) y tus poemas —¡qué vibración tan nueva, mon cher! No te olvides que estoy aquí y no vaciles en pedirme lo que quieras de París. No trabajes demasiado (en la fábrica) y si querés hacerlo no dejes la poesía para después. Cómo y cuánto te asombrará de verme (no sólo cambios físicos sino tabla rasa con todos los ismos y snobismos. Lo difícil es lo otro, la dura sencillez. Vos sabes mucho de estas cosas. Hasta pronto, mi querido, y sobre todo, un gran abrazo de

Alejandra

16. Aquí se refiere Alejandra a un artículo escrito por Requeni en *La Razón,* en donde se habla de su "falansterio". El término remite a las comunidades utópicas imaginadas por Fourier.

VII

Mon cher Antonio,

He llegado al espacio que nos rodea y deseo ver a uno de sus elementos más interesantes. ¿Cuándo te veo? Ven a mi falansterio o, si prefieres, concedeme un rendez-vous en algún café cantante con orquesta de señoritas. Un abrazo de tu

Alejandra

CARTA A
AMELIA BIAGIONI

Una larga y sostenida trayectoria poética es la de Amelia Biagioni, sin duda una de las voces más originales y profundas de la poesía argentina de este siglo. Desde su primer libro, *Sonata de soledad* (1954) hasta los últimos, *Las cacerías* (1976), *Estaciones de Van Gogh* (1984), y *Región de fugas* (1995), asistimos a una suerte de espiral ascendente en la cual, como lo ha afirmado Cristina Piña, el primer yo lírico, subjetivo y romántico, se va desplazando hacia un yo que estalla, persiguiente y perseguido, en una suerte de parábola cósmica. Una poesía inteligente e indagante, de gran rigor mental, pero ceñida a una musicalidad también excepcional.

Estos dones de la poesía de Biagioni, además de la valiente soledad sin concesiones de su vida, ajena a toda vanidad, hubieron de atraer necesariamente a Alejandra. Pizarnik y Biagioni se conocían sólo a través de contactos ocasionales, como los encuentros en la SADE y un viaje de escritores a Tucumán, en el que ambas coincidieron.

Las diferencias de edad y de gustos estéticos y vitales eran manifiestas —por lo general, era Alejandra la que se acercaba respetuosamente a Amelia, con quien nunca llegó a intimar. Tal como la recuerda Amelia, la amabilidad de Alejandra nunca era trivial y sus preguntas y observaciones revelaban un interés específico en lo que los otros eran o hacían, y no una simple cortesía formal. "No sólo hablaba de poesía, sino de la vida poética", dice Biagioni, en una frase que condice perfectamente con mis recuerdos.

La siguiente carta es tanto más interesante, a mi parecer, en cuanto no la respaldaba una amistad personal previa. Fue enviada por Alejandra a Amelia Biagioni con motivo de la aparición de *El humo,* publicado en Emecé, en 1967. Este breve volumen recibió el Primer Premio Municipal de Poesía en 1968. (Más tarde, entre otras muchas distinciones, recibiría Biagioni el Segundo Premio Nacional.) Alejandra había recibido el mismo premio en 1966, por *Los trabajos y las noches.*

Esta es, pues, la carta de una joven y rebelde poeta consagrada a una poeta mayor en vías de consagración. A mi modo de ver, es la que mejor revela, en todo el epistolario, la capacidad de atención casi feroz que ponía Alejandra en sus lecturas, cuando encontraba en un texto poético una correspondencia central con sus propias intuiciones poéticas, aun cuando provinieran de un mundo espiritual o estético apartado del suyo. En este sentido, resulta ejemplar, sobre todo en nuestra época, tan apresurada y desatenta en la recepción de la poesía y tan incapaz de búsqueda detenida de la palabra justa para indicar al otro en qué lugar del alma nos alcanza su poema.

Buenos Aires, 1º/oIX/67

Querida Amelia:

Mil gracias por EL HUMO. Vengo de él y no logro encontrar una frase para destinarle; digo una frase como un manto real que a la vez fuera un manto de arpillera, una frase vestida de princesa pero de mendiga.

Por cierto que el primer gesto, al acabar tu libro —hace 1 minuto— ha sido colocarlo entre los libros que voy a releer (no hay muchos) porque EL HUMO me sedujo tanto que siento, simultáneamente, deseos de conocer (es imposible, lo sé, pero justamente) por qué y cómo y de qué manera. Por otra parte, la seducción se despliega en diversas gamas: el poema de la pág. 51, por ejemplo, es la seducción del misterio musical del lenguaje o, mejor, la magia hipnótica que me obligó a leérmelo en voz viva. No es el único dotado de este poder pero sí el más extremo.

Esta mención te hará sonreír, acaso. ¿Cómo, frente a cosas tan terribles, hablo de seducción y me complazco en magias "externas" (según algunos)? Precisamente, porque son terribles, y porque el lenguaje se les resiste y las traiciona, e incluso las anula, por eso, justamente, me impresionó tan doblemente tu libro. Precisamente,

Carta a Amelia Biagioni. Foto de Daniela Haman.

Querida Amelia:

Mil gracias por EL HUMO[1]. Vengo de él y no logro encontrar una frase para destinarle; digo una frase como un manto real que a la vez fuera un manto de arpillera, una frase vestida de princesa pero mendiga.

Por cierto que el primer gesto, al acabar tu libro —hace 1 minuto— ha sido colocarlo entre los libros que voy a releer (no hay muchos) porque EL HUMO me sedujo tanto que siento, simultáneamente, deseos de conocer (es imposible, lo sé, pero justamente) por qué y cómo y de qué manera. Por otra parte, la seducción se despliega en diversas gamas: el poema de la pág. 51[2], por ejemplo, es la seducción del misterio musical del lenguaje, o mejor, la magia hipnótica que me obligó a leerlo en voz viva. No es el único dotado de este poder pero sí el más extremo.

Esta mención te hará sonreír, acaso. ¿Cómo frente a cosas tan terribles, hablo de seducción y me complazco en magias "externas" (según algunos)? Precisamente, porque son terribles, y porque el lenguaje se les resiste y las traiciona, e incluso las anula, por eso, justamente, me impresionó **doblemente** tu libro. Precisamente, porque cada verso y cada palabra han sido llevados (padecidos) hasta su máxima tensión, y con toda la carga de sus sentidos plurales, estos poemas son un lugar —o un espacio— de reunión. Por eso, imagino, invocás a la **dura poesía**[3] con términos lujosos y trágicos como si fuera la muerte; y por eso, imagino, ser poeta es, entre otras cosas, poseer esta virtud (sinónimo de "la condena"[4], naturalmente) de adueñarse de la máxima paradoja —aquella que el viejo amigo Kierkegaard considera **un escándalo.** Paradoja que consistiría en que el más solitario, por obra y gracia de "alados discursos", crea un lugar —el poema— en donde otros solitarios se reúnen, se reconocen (en tanto afuera llueve y es invierno). Tus poemas fueron siempre para mí **lugares** pero nunca lo fueron como ahora, gracias a EL HUMO. Incluso llegué a preguntarme cómo mantenés la estructura perfecta y acabada si detrás, a tan pocos pasos, acecha el ángel de lo absoluto, opuesto al de los "ojos con límites". No sé, por cierto, responder, pero celebro tener que preguntarlo. Tampoco quiero resumirte los temas porque no soy profesora (quizá sea una desgracia, lo digo en serio) y sobre todo porque me son demasiado entrañables. Hay alguno, quizá el más terrible o el más intimidante, que alude al doble o a la sombra o al espejo o al **quién soy**[5], que aparece transfigurado con enorme valentía y hermosura (por supuesto que es facilísimo luchar en la guerra comparado con ese descenso al infernal encuentro con **la otra** o con **las otras**).

Y no continúo, porque hay que hablar menos y releer más. Dura poesía y duro oficio de servirla pero vos no necesitás temer aquella alusión de Mateo XXX, 25 (o acaso era XXV, 30)[6].

Gracias de nuevo y recibí mi mucha admiración y abrazo

Alejandra

1. Amelia Biagioni publicó *El humo* en Emecé, en 1967. Este volumen, que contiene veintidós poemas, ha sido considerado —con razón— una revolución en la poesía argentina.

2. Pizarnik se refiere aquí al segundo fragmento del poema *El humo,* al que pertenecen pasajes como éste (la versión corregida por la autora, que data de 1987 y se reproduce más abajo, no pudo ser conocida por Pizarnik):

"Y ardiendo / acuden / las lenguas bífidas, / las rojas sibilas / ardiendo guay, / consumen, / las sibilas púrpuras, / las lenguas miserere / consuman, / ardiendo amén, / las lenguas encarnadas, / las perversas y santas inocentes, / ardiendo azules, / mentidas hasta el gris, / hasta el gris verídicas, / ardiendo.."

(Versión de 1987:

"Y ardiendo en otro tiempo / acuden / las lenguas bífidas rosadas / carmesíes / las sibilas convulsas / las mil / ardiendo guay, / consumen / las lenguas miserere / las euménides púrpuras / consuman / ardiendo amén / las lenguas encarnadas, / las perversas y santas inocentes / prosiguen / ardiendo azules escarlatas / mentidas hasta el gris / hasta el sangre verídicas, / ardiendo...")

Ciertos pasajes de las prosas poéticas de Pizarnik —pienso particularmente en algunos de *La extracción de la piedra de la locura* (1968)— ("las damas solitarias, desoladas... / ... las damas vestidas de rojo para mi dolor... / ... las madres de rojo que me aspiran el único calor que me doy con mi corazón / ... las grandes damas adheridas a la entretela de mi respiración con babas rojizas y velos flotantes...") resuenan con una música de densidad e incandescencia comparables al texto de Biagioni.

Pero mientras en Biagioni las lenguas "serviciales", provocadoras del humo que las invoca, incineran en una ceremonia exorcizante, pero también escalofriante, "los insistentes borradores", y eliminan una basura tan metafórica y metafísica como real, en la visión de Pizarnik, más acusatoria e inmersa en la desesperación ante la muerte de una figura amada, "las damas agazapadas como fetos de escorpión en el lado más interno de mi nuca" no sólo aspiran "el único calor que me doy con mi corazón" sino que "han matado al que se va río abajo", aquel que "muerto está por más que sonría".

Es una especie de confluencia musical espontánea la que revela poderosamente en ambas escritoras las virtudes de destrucción y purificación de un fuego personificado en figuras e imágenes femeninas fascinantes y aterradoras. Pero las imágenes, de una estirpe visual y musical convergente, están destinadas a desembocar en universos muy diferentes. El juego de invocaciones religiosas tan característico en este pasaje de Biagioni, por ejemplo, no se reencuentra en Pizarnik.

No es casual, sin embargo, que Pizarnik se haya detenido en especial en este pasaje, absorbida por "la seducción del misterio musical del lenguaje" y que su "magia hipnótica" la haya obligado a leer en voz "viva" el fragmento. Para Alejandra, la voz de Biagioni debe de haber resonado con la sacudida de insólito reconocimiento que infunden ciertos retratos familiares al revelarnos una pertenencia común —en este caso el don de una específica musicalidad poética poco común en el español.

3. La invocación a "la dura poesía" se encuentra en el impresionante poema "Oh tenebrosa fulgurante" (p. 65) —a mi juicio, el mejor del volumen— y dice así:

Oh tenebrosa fulgurante, impía

que reinas entre cábala y quimera,

oh dura poesía

que hiciste mi imprevista calavera.

4. "La condena" es el título del poema que se encuentra en la p. 63, donde Biagioni describe el destino de Sísifo del poeta solitario que finalmente escucha otra voz "...Y reanudamos / la condena, cantando en el infierno".

5. Las instancias de desdoblamiento son varias en este libro, por ejemplo en "La Soterrada" (p.67): "...De vez en cuando baja mi alma a darme / cucharadas de fuego".

En p. 76 ("Me propuse ser alguien") leemos: "...Todas las cosas están solas, / y están sordas y ciegas / escuchando y mirando, / y aguardan / a la otra, / que llegará hace tiempo / a desplegar aquella fiesta. / En tanto, en su cuaderno, / con su letra / y con la extraña mano del retrato, / escribo".

No es necesario señalar la presencia del tema del desdoblamiento en toda la obra anterior y posterior de Pizarnik —tema que ha sido abundantemente comentado en la crítica literaria alrededor de su obra. Véase en particular Florinda Goldberg, Alejandra Pizarnik, *Este espacio que somos*, Hispamérica, 1994.

6. Se trata, en efecto, del pasaje de Mateo, XXV, 30, que corresponde a la

parábola del servidor desleal. Este, en vez de hacer fructificar el talento (suma de dinero) que su amo le deja antes de emprender un largo viaje, lo entierra y lo devuelve sin acrecentamiento. Por eso se verá castigado y arrojado a "la tiniebla exterior, donde se oye el crujir y rechinar de dientes", según el Evangelista.

Es muy probable que Pizarnik conociera esta cita evangélica a partir del famoso poema de Borges (1953) que se titula precisamente "Mateo, XXV, 30", donde el escritor traspone la noción de talento a la totalidad de dones que la vida ha conferido al poeta y que sin embargo se han desperdiciado. Así concluye, de una manera a la vez terrible y melancólica:

> *"En vano te hemos prodigado el océano, / En vano el sol, que vieron los ojos maravillados de Whitman: / Has gastado los años y te han gastado / Y todavía no has escrito el poema."*

De 1971 es un poema de Alejandra que parafrasea este texto y lo une a la vez a una célebre *Elegía* de Rilke —una característica fusión intertextual de las que solía practicar Alejandra:

> — Te dimos todo lo necesario para que comprendieras
>
> y preferiste la espera
>
> como si todo te anunciase el poema
>
> (aquél que nunca escribirás porque es un jardín inaccesible
>
> —sólo vine a ver el jardín—)

Recuerdo que Alejandra sostenía, creo que con razón, que éste era uno de los mejores, sino el mejor, poema de Borges, y recuerdo, asimismo, habérselo oído leer en voz alta, señalando que su arranque ("El primer puente de Constitución y a mis pies...") es entre todos memorable —apreciación que siempre he compartido.

Esta no es la única cita evangélica de Alejandra. En *Textos de sombra* aparece citada una parte del texto: "Quédate un poco más entre nosotros, porque se hace tarde", que proviene del encuentro de Jesús con los peregrinos de Emaús (Lucas, 24, 29):

> escribo como quien con un cuchillo alzado en la oscuridad
>
> escribo como estoy diciendo
>
> la sinceridad absoluta continuaría siendo

lo imposible

¡oh quédate un poco más entre nosotros!

(En esta noche, en este mundo)

También hay en Pizarnik una hermosa cita del Talmud: "Dios tiene tres llaves: la de la lluvia, la del nacimiento, la de la resurrección de los muertos." (Los Muertos y la Lluvia. *Textos de Sombra,* Sudamericana, 1982, p. 32).

CARTAS A LA
FAMILIA

Las cartas de Alejandra a su familia tienen en general un tono a la vez afectuoso y circunstancial. En muchas de ellas, escritas desde Europa, despunta su deseo de dar seguridades en cuanto a su salud, su estabilidad económica, el buen paso de sus actividades literarias —una imagen que podía garantizar cierta tranquilidad a los suyos y correlativamente, una mayor libertad de movimientos para ella. En las ofrecidas por su hermana, Myriam Pizarnik de Nesis, se destacan estas breves misivas escritas en ocasión del cumpleaños de su madre, Rosa Pizarnik, y en particular la carta que escribe con motivo de su regreso a Buenos Aires —un regreso que Alejandra aceptaba solamente como "visita", ya que "no puedo ya volverme definitivamente".

Palabras que de algún modo son proféticas: el camino que Alejandra había emprendido no tenía retorno, y las estaciones terminales no se llamaban Buenos Aires —ni París.

I

a Mamá querida: 1.000 pensamientos de felicidad y que siempre arda dentro de ella un buen fuego[1].

Bumita[2]

a 5 de octubre de 1969

1. Como lo ha hecho notar Cristina Piña en su biografía, Pozharnik —el apellido originario de Alejandra— significa "hijo del incendio" en ruso.

Según refiere la hermana mayor de Alejandra, Myriam Pizarnik de Nesis, cuando Rosa dijo a su madre que pensaba casarse con Pozharnik, la respuesta de la abuela de Alejandra fue: "¿Cómo, hija? ¿Piensas casarte con un bombero?".

2. Buma o Blíleme eran los diminutivos con que Alejandra —cuyo primer nombre era Flora— era llamada durante su niñez.

II

Tarjeta con una delicada imagen de un pájaro en seda

8 DE OCTUBRE

Querida mamá, espero que te guste este pajarito pintado sobre seda que no te envié antes pues estuve engripada y era lejos el negocio que lo vende. Ahora estoy perfectamente bien y contenta de poder decirte FELIZ

CUMPLEAÑOS de una manera más hermosa que el otro día. Acabo de recibir el giro. Muchas gracias a vos y a papá. Te envío por barco una revista belga con un largo artículo mío, ese que te envié en español en el número 72 de Cuadernos y que era un estudio sobre Salamandra de Octavio Paz[3]. El hecho es que gustó tanto que lo tradujeron al francés. Bueno, perdón por el retraso y recibí un gran abrazo y otro para papá de

Buma

3. El artículo sobre Octavio Paz se refiere a "Salamandra" y fue publicado primero en *Cuadernos,* 1963, y luego reproducido como "El Premio Internacional de Poesía: Salamandra", México en la Cultura 767, 10/12/1963, p. 5 y en el Courier du Centre International d' Etudes Poétiques, 45, Bruxelles. A esta última cita se refiere muy probablemente Alejandra aquí.

III

Queridos mamá y papá: ¿los visitó una amiga mía llamada Ivonne Bordelois? Si aún no fue seguramente irá uno de estos días. Es una muchacha encantadora y tendrán ustedes un gran placer en conversar con ella. Además, estuve mucho con ella, saliendo y conversando, de manera que les dará una imagen de mi vida en París. Probablemente vaya con otra amiga mía mía, Enriqueta Ribé, también una gran chica. En fin, creo que la pasarán bien, porque son muy interesantes.

He recibido el cheque y muchísimas gracias. Me compré unos zapatos italianos, mocasines muy flexibles para verano, que son una verdadera maravilla.

Ya le diré a Pascale que les dé una foto. El miércoles iré a comer con ellos y se lo diré.

La carta de Mario me encantó[1]. Le responderé en estos días. Ando llena de cosas que hacer y de gente que visito, pues cada día llegan más jóvenes de Argentina que me visitan y ello lleva tiempo. Aquí ya es verano pero es bastante fresco o sea que es como si fuera primavera.

De mi visita a Buenos Aires conversaremos con tiempo, pues aun faltan muchos meses. Lo único, que no deseo ir sin pasaje de retorno en la mano porque como les decía en mi última carta no puedo volverme ya definitivamente —es muy importante, en todo sentido, continuar para mí en París; más que importante es primordial y me haría un efecto catastrófico cortar bruscamente este lento crecimiento que se inició en mí desde que llegué. Esto no deja de producirme remordimientos —¡quién sabe la cantidad de dinero que cuesta ahora un pasaje!— pero se los digo porque es mejor no disfrazar las cosas y decirlas tal como se sienten. Nunca se sabe lo que puede pasar: que los pasajes suban de precio, que ocurra esto o aquello: por eso, quiero ir con el pasaje de vuelta en la mano. Si me llegara a suceder alguna cosa no pensada que me impulsara a quedarme en Buenos Aires y no volver a París (lo cual tendrá que ser algún azar extraordinario) siempre es fácil devolver un pasaje, no hay nada más fácil. Pero como no puedo contar con azares excepcionales y mágicos, prefiero que miremos las cosas con realismo, es decir, considerando lo que pasa actualmente. Y lo que pasa actualmente es que tengo todo tipo de motivos para querer quedarme en París. Ya se los expliqué en la carta pasada y no tengo ningún inconveniente en seguir explicándolos y en responder a todo tipo de preguntas que me hagan. De todos modos tenemos tiempo en pensar en mi visita (cuyo único fin será verlos a ustedes).

Bueno, aparte de esto no hay muchas novedades. Ando tranquila y contenta y trabajo y paseo, tratando de hacer un equilibrio entre los dos.

En estos días les escribiré a Myriam y a Mario (qué condiciones tiene). Y en la próxima les contaré cómo andan Armand y familia.

Entonces un gran abrazo para Myriam, Zito y los nenes

Buma

1. Mario era el sobrino mayor de Alejandra, cuya hermana mayor, Myriam, se casó con Elías Nesis-Zito. Alejandra solía hablar con gran cariño y orgullo de sus sobrinos, Mario y Fabián. En cuanto a Pascale y Armand, eran la prima y el tío de Alejandra, a quienes siguió viendo durante su estada en París.

CARTAS A
ANA MARIA BARRENECHEA

Una amistad muy especial une a Alejandra Pizarnik con Ana María Barrenechea, profesora de Filología en la Universidad de Buenos Aires, doctorada en el prestigioso Smith College en los Estados Unidos, conocida estudiosa y ensayista de trayectoria internacional, y experta en análisis literario, como lo prueban sus citados y celebrados libros sobre Borges y Cortázar. Susana Thénon, amiga de Pizarnik, fotógrafa y recordada poeta, hoy fallecida, que cursaba estudios regularmente en Filosofía y Letras, fue el eslabón del encuentro. Barrenechea dice que aun cuando nunca cursó regularmente estudios universitarios, Alejandra solía asistir a sus clases de Introducción a la Literatura, en las cuales buscaba y apreciaba en especial el material que se refería a la tradición española, porque viniendo como venía de un trasfondo cultural y lingüístico diferente, era consciente de la necesidad de ampliar su horizonte en este sentido.

En un cuaderno de citas transcriptas por Alejandra consta su admiración y deslumbramiento por los clásicos españoles —Góngora y Quevedo— y por la tradición lírica medieval, que muchas veces traspuso con inigualable talento en sus propios poemas. Su actitud con respecto a la literatura española contemporánea era, en cambio, mucho más reservada y ciertamente menos entusiasta, como lo muestran sus frecuentes alusiones satíricas a lo largo de todos sus escritos.

Barrenechea recuerda y subraya el carácter lúdico y vital de su relación con Thénon y Pizarnik, donde sobresalía la nota jocosa, el juego de palabras y el chiste onírico. En su testimonio sobre Alejandra, expuesto en el cortometraje de Vanesa Ragone y Mariela Yeregui, dice no haber encontrado nunca, entre sus estudiantes o conocidos, nadie que tuviera mayor capacidad verbal ni humor más infatigable e ingenioso que ella. Esta fluencia se trasmite en los textos aquí presentes, aun cuando el primero es también valioso porque refleja la desorientación íntima mezclada al deslumbramiento que produjo en Pizarnik el primer París.

I

Tarjeta (en el verso, la figura caricaturesca de un mono)
SIN FECHA

Muy querida Anne-Marie:

Estoy trabajando como una mona. Mi trabajo consiste en des-aprender a ver —y en hacer o tratar de hacer poemas que también es aprender a ver. París es maravilloso. Estoy aquí con una angustia y una alegría de demonio y de ángel. Me enloquezco rítmicamente y se me ocurren ideas geniales imposibles de comunicar, ya que vos y Susana no están. Las extraño inmensamente. Han de pasar muchos siglos hasta que nazca un andaluz[1], quiero decir, tres muchachas como nosotras. ¿Por qué no se vienen ambas dos?

Toda mi concepción del mundo se ha dado vuelta: me he quedado desnuda y carente de conceptos y preconceptos. No sé qué será de todo esto pero me siento cambiar y transformar. Me gustaría mucho saber de ti. Un grandísimo abrazo

Alejandra

Nota: Me fui del foyer familiar[2]. Habito un hotel maravilloso en St. Germain. Es horriblemente caro, razón por la cual estaré sólo un mes. Lo que vendrá yo no lo sé.

1. Obvia referencia al *Llanto por Ignacio Sánchez Mejía,* de Federico García Lorca.

2. Al principio de su estada en París, Alejandra vivió con tíos paternos profesionalmente establecidos en Francia. No resulta demasiado sorprendente constatar que la convivencia fue muy breve. Como dice Chesterton, los grandes poetas suelen ser una bendición para la humanidad y una catástrofe para sus propias familias.

II

Querida Anita:

Estoy en un café pensando en vos y en Susana. Como no tengo el carnet de direcciones te envío cartas para las dos. Te ruego hacérsela llegar a Susana.

Te rememoramos siempre con los Cortázar y los Octavio Paz. Me gustaría saber cómo van tus cosas (seguro que muy bien).

Yo ando mejor que nunca. Escribo, publico en las revistas de aquí y —lamentablemente— trabajo en sitios infames para ganarme el duro pan de cada noche.

A pesar de los amigos de aquí las extraño mucho a vos y a Susana. De allí que les escriba estas apresuradas líneas —sin mi estilo genial, pues está por comenzar la función cinematográfica.

Te escribiré después y te contaré muchas cosas. Un gran abrazo de tu amiguita

Alejandra

9 rue des Luynes

Paris 7e

III

PARÍS, 10 DE DICIEMBRE DE 1962

Queridísima Anita: ¿Cuándo venís a París? Pero tal vez será mejor que no vengas pues en el Museo Cluny ya han descubierto que alguien robó la tapicería de la Dama de la Licorne. Lo que podés hacer es venirte con anteojos oscuros.

Me fui del horrible empleo. Ahora busco otro. Se ruega considerar que enviar esta carta me privará de un almuerzo.

Si la ves por azar a mi madre —no lo creo pero por las dudas— no se lo digas. ¿Que si me angustia el asunto? Sí y no. Mentalmente me siento libre y contenta pero digestivamente vacía y melancólica. No hablemos más del asunto: no es de pobres hablar de la pobreza.

Maurice N'[3] —acaba de pedirme que prepare con él un número de *Les Lettres Nouvelles* dedicado a "La literatura fantástica en América Latina". Confío en tus consejos. Decime todos los nombres de *cuentistas* que corran por tu cabecita rubia, no importa tanto la fama cuanto la calidad —como diría Ling-Ya-Tang. Si tenés un ejemplar de tu libro sobre la lit. Fant. envialo que será leído y releído. Contestame y no te permitas el ocio cuando se trate de *moi...*

No sé si anotaste los nombres de los críticos literarios franceses que creo importantes: *Jean Pierre Richard* (su ensayo —ya famoso— sobre Mallarmé fue su tesis de dictorado en la Sorb.) (*Editions du Seuil*). Se habla mucho también del método empleado por *François Germain* en *L'imagination d'Alfred de Vigny* (*Editions Librairie José Corti*). Otro: el libro de *Weber* (Gallimard). Ensayo sobre "*la génesis de la obra poética*" (esencialmente psicoanalítico). Te recomiendo también el Rimbaud par lui-même d' Yves Bonnefoy (Ed. du Seuil). Nada más por hoy.

Si sabés de un empleo en París avisame. O si necesitan maravillosos traductores en EUDEBA o consejeros o corresponsales decíme (siempre que sea seguro el pago). Así anda la poesía.

¿Estás contenta? ¿Cómo anda aquello? Portate bien y escribime.

Ah! Decime algo de lo que pensás sobre Juan Ramoncete Jiménez. O si tenés una conferencia impresa enviala (por barco). Lo estuve releyendo y atesoré varias ideítas que te confiaré en la próxima.

Si no te veo en año nuevo te enviaré un cariñito mental. Haz lo propio.

Un gran abrazo de
Alejandra

3. Maurice Nadeau. Dada la falta de efectividad que tuvieron las propuestas con respecto a una participación en los proyectos de Nadeau —véase más adelante en la correspondencia Bordelois-Pizarnik— se tiene la impresión de que Alejandra pudo haber exagerado sus contactos con él.

IV

Hermosa amiguita Ana, quiero decir, distinguida amiga: sonno iiiio! la tua Alejandra! En cuanto hollé delicadamente el suelo de la *mother* patria mi madre en particular dictaminó excesivas delgadeces lindantes con inminentes anemias. A causa de ello me llevaron a perder mi hermosa silueta a Miramar. Quero decir: estuve en Bs. As. un solo día: del 10 al 11 de febrero. Anteayer regresé por fin y me apresuro a darte señales del sentimiento tráxico de mi exigencia. Antes de partir te envié —allá por las gélidas navidades parisinas— un sobre grande, grande, con el mismo articuloncio que remito ahora. Supe por

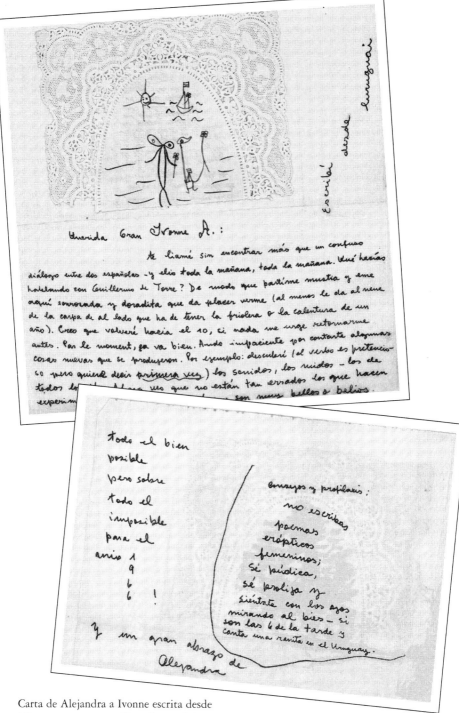

Carta de Alejandra a Ivonne escrita desde
Miramar con una servilleta de papel de
encaje; en la parte superior –dibujos en tinta
roja y verde– texto en tinta roja.

otras amargas experiencias que los carteros, ebrios de foie gras y de largos besos, anonadaron y desaparecieron buena parte de la correspondencia mundial. Y —agregó la fina poeta— como tengo muy mucho interés en que leas este —digamos— reportaje que le hice a nuestro queridísimo Julio[4], te lo envío tout de suite para veas que a veces somos serios e inteligentes y sesudos y obedientes a lo que contiene cada día para nuestro capote, que no otra cosa dijo la infausta Concha Espina que Dios le perdone sus pecadillos como nosotros nos perdonamos nuestros picadillos, día tras día xxxxxxxxxxxxxxxxxxxxxxxxxx (tachado por haber metido la pata).

Este —digamos— reportaje ha sido ya publicado en el suplemento literario de un diario de Venezuela, no recuerdo su nombre (podré averiguarlo), sólo recuerdo los dólares que me retribuyeron la atención lo cual me permitió comprarme obleas y maní con chocolate y dar varias vueltas en la calesita (sentada femeninamente de costado en un hermoso corcel de madera).

Espero que nos veamos pronto los respectivos rostros, tan interesantes por no decir más, que esto y mucho más se puede decir de entrambos. Quiero verte y contarte mi viaje por Españita y hablar de esto y de aquello. Yo soy 28-6348 (de sobrenombre 28). Aurora y Julio insistieron reiteradamente en que te abrace de su parte y ambos dos.

¿Sabés que leí en Parigi? "La lozana andaluza", editado en París (en español) hace unos años. El idioma es delicioso pero la encontré demasiado igual a los impúdicos italianos (Aretino, Baffo y demás sinvergüenzas de esa época que decían malas palabras por doquier sin fijarse si había damas presentes). Bueno, estoy aún con extraños vértigos y me creo en el barco, en la mar amarga, aún me quedó el vaivén algo así como una bujía oscilando (lo cual, según la Cábala, viene a ser el Alma —que no otra es la representación del Alma que se da en en el susodicho libro). Andá recordando, cara amiga, en dónde diablos puedo leer —quiero decir, releer— al místico "hereje" Miguel de Molinos —aunque fuere solamente la "Guía Espiritual" pues ando en obsesiones xxxxxxx pensando en la poesía y en el silencio (interno, naturlich) y me gustaría releer lo que cuenta Mickey Molinos al respecto. Culta como siempre te saluda con un abraxo

Alejandra

4. Humor y Poesía en un libro de Julio Cortázar: *Historias de cronopios y famas* (1963), *Revista Nacional de Cultura* 160, pp. 77-82.

V

Esta dedicatoria figura al frente de una separata de "Relectura de Nadja, de André Breton"

, texto publicado por Alejandra en Imagen, *32, 1968. Aparecerá también en* El Deseo de la Palabra, *Barcelona, 1975, y en sus* Obras Completas, *Corregidor, 1993.*

DEDICATORIA

No leas este articulejo, querida Anita, porque es la 7a. esencia del aburrimiento. Pero te lo mando para tener un ejemplar menos. No te molestes, no lo hagas encuadernar.

Tuya, cuadernamente[5]

Alejandra

Buenos Aires, 1970

5. La ironía de este juego hace presumir que las primeras líneas sólo encierran una cierta coquetería, como señala Barrenechea.

De hecho, se trata de uno de los más personales textos escritos por Pizarnik, que se identifica con Nadja y Breton simultáneamente en la aventura de rondar de noche un bosque impenetrable.

CARTA A
SYLVIA MOLLOY

Sylvia Molloy, escritora e investigadora argentina, estudió Letras en La Sorbona, donde se doctoró con una tesis asesorada por René Etiemble: La diffusion de la littérature hispanoaméricaine en France, P.U.F., 1972, obra fundamental de ejemplar solidez y agudeza crítica, que permanece sin traducción entre nosotros. Se trasladó luego a los Estados Unidos, donde ha sido profesora de Literatura Hispanomaricana en Buffalo y Princeton, y actualmente dicta su cátedra en New York University. Aparte de sus estudios sobre Borges y de su novela En *Breve cárcel* (Seix Barral, 1981), ha publicado numerosos artículos y un brillante ensayo sobre el género autobiográfico en Latinoamérica, *Acto de Presencia,* Fondo de Cultura Económica, México, 1996.

Creo recordar que Pizarnik y Molloy se conocieron por mi intermedio, ya que yo había conocido a Sylvia en un primer viaje a París, cuando Alejandra aún no residía allí; lo que es indudable es que congeniaron sobre todo en su común aproximación a la literatura desde una mirada

no convencional, definida por una original agudeza crítica y un sentido del humor que muchas veces bordeaba lo
rabelaisiano. Se divertían a menudo en escribir conjuntamente guiones de óperas y obras bufas en las cuales riva-
lizaban con felicidad en encontrar juegos de palabras, y
solían producir collages pintorescos con alusiones literarias inesperadas, para las cuales Alejandra era maestra,
mientras que Sylvia desplegaba su impecable dominio de
un mundo perfectamente trilingüe, que fascinaba a Alejandra. Lo lúdico y lo afectuoso de esta relación se mez-
clan y evidencian en la carta siguiente.

MIRAMAR, VIERNES 6, 24 HS.

Ma chère S., se te extraña aquí, si supieras cómo se te extraña aquí. Y muy en especial se piensa en tu "segundo" rostro —el que traté torpemente de describirte. Espero ser chez toi materia de nostalgias, si es que tenés tiempo y espacio libre para mí, ahora que andás por el lugar de las metamorfosis y los descubrimientos.

Hoy cometí mi primer acto heroico. Fui a la playa. Pero no estoy tranquila, no estaré tranquila hasta que no escriba como yo deseo sobre lo que yo deseo y de la manera que deseo. Nada más estúpido que alentar estos deseos y no obstante son más fuertes que mi sentido crítico y mi sentido del humor. A causa de ello dibujo un poco, pour me rechauffer un peu[1], para invitar al Gran Silencio a posarse en mi memoria. Pero ¡qué te estoy diciendo para mi capote! Decime pronto si vendrás en Semana Santa pues en caso contrario no me interesa quedarme en Nachtua, quiero decir en Miramar. Envié sendas cartas a las Hamadas Olga e Yvonne de modo que si venís llamalas por si desean también venir.

Après les pluies et les rires et les saisons
et les fourrures et le soleil et notre sourire
il reste une chose inal-te-ra-ble: je t' aime beaucoup
                              beaucoup, beaucoup,
                              d'acc?[2]
Exhaustivos abrazos, querida amiguita, y más aún
Alejandra

Otra *perita* von Avila: "Peribañez o el Comendador
de Ocaña" de Lope de Pera.
Hacer un bello caballerete renacentisco
mit die hand und mit die gregüeseos von
culotem de soie.

1. Para abrigarme un poco.

2. Luego de las lluvias y las risas y las estaciones / y las pieles y el sol y nuestra sonrisa / hay una cosa que permanece inalterable: te quiero mucho mucho, / mucho de / acuerdo?

Aquí juega Alejandra con la semejanza de *fourrures* (pieles) con *fou rires* (risas locas). *D'acc.* es la forma coloquial del francés por *d' accord* (de acuerdo).

CARTAS A
MARIA ELENA ARIAS LOPEZ

Ensayista y crítica, María Elena Arias López, diplomada en Filosofía y Letras, en la UBA, viajó a Francia en 1962 como becaria del gobierno francés y permaneció allí varios años. Estudiosa de antropología e historia, se formó también como archivista, y ha colaborado activamente en repertorios documentales organizados en Francia, Inglaterra Canadá y la Argentina, publicando asimismo artículos en *La Nación* y otros diarios y revistas.

Fue en Estrasburgo, donde era lectora de lengua y civilización en el Instituto de Español y de Estudios Latinoamericanos, donde María Elena Arias López, colega y amiga mía desde la Facultad de Filosofía y Letras de la UBA, recibió, con fecha de enero de 1967, un número de *Mundo Nuevo,* revista dirigida por Emir Rodríguez Monegal, con textos de tres escritores desconocidos para ella: Susan Sontag, Homero Aridjis y Alejandra Pizarnik —con sus *Pequeñas Prosas.* María Elena Arias López comenzó desde entonces a rastrear el derrotero de Alejandra y con ese motivo, ya vuelta a Buenos Aires, me contactó para encontrarla.

Así fue como, en 1969, envié a María Elena López

Arias, que me había hecho partícipe de su deslumbramiento, la dirección de Alejandra en Buenos Aires. De este modo nació una amistad de cuatro años expresada en estas cartas, que atestiguan la calidad de delicada atención que Alejandra podía dedicar a los viajeros amistosos que golpeaban a su puerta.

> *"Fue intensa su amistad, su persona, como esos objetos luminosos celestiales que nos atraen en el espacio por su brillo quemante hasta su desaparición", dice María Elena Arias López. "En sus Pequeñas Prosas, Alejandra hablaba como una niña 'deslenguada' pero sustentada en una inteligencia vigilante, desconfiada y finalmente certera: el final del diálogo pequeño era una muestra de las piezas cazadas. ¿Acaso no se definió ella misma en uno de sus libros con el nombre de Diana? Yo agrego sin mucho esfuerzo: Cazadora."*

En el primer encuentro, dice Arias López en una carta en que me refiere su amistad con Alejandra: "Yo sentí... una especie no muy bien definida de la in-comodidad. (¿Conoces esa frase genial de Susan Sontag en Against Interpretation: 'El verdadero arte tiene la virtud de ponernos nerviosos'?) Hay que verlo por ese lado. Sabía desacomodar al otro: porque andaba buscando verdades, por supuesto a través del camino estético o mejor decirlo, de la escritura. Es decir, lo bello no era su preocupación, sino la palabra. En su trato sentí de inmediato una personalidad fuerte y al mismo tiempo retenida por su manera lenta de hablar: solía detenerse en largos espacios de silencio que confundían al interlocutor. Gozaba interiormente de una descomunal rapidez. Algo de esto le reconoce ella misma en su extensa carta del 25-5-70. En nuestro primer encuentro me dio a leer fragmentos de un texto suyo que estaba escribiendo en un género de humor negro, salpicado de palabras fuertes, de ítems sexuales. Dado que yo elegí fragmentos que estimé —y es cierto— de verdadero hallazgo poético (todo esto porque pidió mi opinión) Alejandra rechazaba mis gustos casi insistentemente. 'No. No me gusta'. 'Eso es lo que he sido'. La vi así embarcada en nuevas búsquedas, en un decidido propósito de ruptura de textos bien elaborados.

"De ella yo aprendí una forma de vivir que he tratado de hacer mía como forma de conducta. Tal programa puede traducirse en una formulación sencilla, recuerdo que la expresó muy seriamente: 'A la gente hay que aceptarla como es'.

"En cuanto a sus sentimientos supe de su amor por las muñecas; había como una necesidad en ella de permanecer en esa 'propia patria' (¿no definía Rilke así a la infancia?).

"Supe de su admiración por Jorge Luis Borges, 'el hombre más inteligente del mundo'. Por Amelia Biagioni: '¡Cómo domina la lengua española! Su experiencia es semejante a la de Lautréamont a los dieciocho años'.

"Alejandra vivía en estados de pasión absoluta. Entre nosotras nació como una especie de complicidad en relación al entorno literario y social de la época. Parecía escindida de esa 'realidad argentina' del '69. Recuerdo que me había impuesto como condición previa que si debíamos hablar de literatura tendría que ser de 'aquella' (la europea o la que se creaba en Europa) y no la de nuestro país. Ese estado de división frente a medio porteño, en un sentido más extensivo, aparece reflejado también en los textos de sus cartas.

"Yo me encontré con un ser radicalmente cierto, sincero, auténtico y por supuesto difícil de ser admitido en esos ambientes más bien convencionales del buen vestir, del bien hablar, del buen parecer tan típicos de la pequeña sociedad porteña. En cuanto al resto, el mundo más amplio del barrio y la ciudad, Alejandra se había decididamente autoexcluido. Era una voz solitaria, absolutamente solitaria y de absoluto peso y vigencia por su empresa personal. Nos despedimos en octubre. Vinieron luego sus mensajes y envíos de textos a Estrasburgo (...).

"A mi regreso a Argentina dos años después y ya con la intención de radicarme, una tarde de junio llamo por teléfono a Alejandra. Me atendió casi sorprendida por la 'coincidencia' de haberla encontrado, pues acababa de regresar a su casa. Había estado internada en una clínica médica... Supuse e inquirí por alguna operación. Nada de eso, respondió tranquilamente. Como había ingerido una sobredosis de barbitúricos hubo que hacer un lavaje de estómago. ¡Así de simple! Creo que presentí ese final que demoraría un año y meses después. Pero me rebelé en aceptar lo inexorable en ella".

I

Papel con membrete y dirección —sin fecha— manuscrito
chère M. E.,

resido chez-moi regularmente. Llamá o vení cuando quieras. Necesito hablar con vos de literatura, no de ésta sino de aquélla. Además quiero verte, es obvio.

Vení o llamá. *A*

II

Minúscula tarjeta con ángel y pájaro
DICIEMBRE DE 1969

a María Elena:

mis mejores deseos y esta confidencia que me obliga a pasar a la 2a. persona: te extraño. Extraño tu alegría comprensiva (en el sentido más profundo y solemne de este término degradado). Espero saberte bien y contenta.

Alejandra (pizarnik)

P. S. Me gustó mucho la nota sobre Yvonne[1]. Quisiera leer más cosas tuyas.

1. Se trataba de una nota crítica sobre mi libro acerca de Güiraldes (editado por Eudeba en 1966), que Arias López publicó en una revista universitaria, *Travaux de l'Institut Latinoamericain de Strasbourg,* número VIII, Estrasburgo, 1968.

III

Dedicatoria de: "NOMBRES y FIGURAS" (aproximaciones), publicado por Antonio Beneyto en Barcelona, ediciones de La Esquina:
para María Elena Arias López, estas tímidas "aproximaciones" al Poema de su
Alejandra Pizarnik
Buenos Aires, 1969
Montevideo 980, B. A.

Al margen, arriba:
Mil gracias por tu precioso y *fiel* ensayo

IV

Dedicatoria de una separata de "Relectura de Nadja, de André Breton" (Imagen, *n° 32, 1968*).
A María Elena, gracias, gracias por Giacometti[2] (lo conocí —oh qué terrible y dulce) y por ser María Elena y ojalá vengas pronto, ya.
Tuya,
Alejandra
B. A. 1970

Escrito al margen en letra más pequeña:
"No debo desearte males. B. Aires es una suerte de muerto feroz. (¡Qué miedo!)"

2. Una tarjeta enviada por Arias López desde París, con una reproducción de un cuadro de Giacometti, de quien se realizaba una exposición ese año.

V
Buenos Aires, 25/V/1970

María Elena, querida lejanita,

¿cómo agradecerte esos **presentes** tan caros a mi corazón? y por los que daría "tout Rossini, tout Weber et tout Mozart"[3]

No quise agradecerte antes porque primero tenía que **demostrarte** que mi pasión por los cuadernos and cía. no es una trascendencia vacua sino, digamos, la expresión de un pudor bastante poco admirable. Es decir, puesto que la escritura c' est mon mal d' aimer[4] (ni sé si cabe esta expresión que me gusta por el sonido: perdón) y no me atrevo jamás a confiarlo a otro(a) viviente, alors, me invento un amor por blocks and Co. (un amor bien real, por otra parte). En fin, estoy por acabar ese precioso block de hojas tan dulces con extraños cuadritos (me hacen bien: necesito límites) y ¿sabés qué escribo? pues nada menos que UMOR-H (no es negro —además, "humor negro" perdió sentido) o lo que fuere pero humor (a mi juicio, al menos).

Y es difícil porque una —yo— (acaso **nosotros**) tiene prejuicios; no respeta el humor; cree (no lo cree pero en el fondo sí) que lo serio es más **importante**. En fin, me cuesta mucho exteriorizar mi humor que es velocísimo (y yo tan lenta). Además, anoche se unieron amor y sexo. Conjunción que disgusta a esta enamorada de Bataille —fue vecino mío— que te escribe. En fin, aunque repruebo el texto de anoche, me reí 7 u 8 horas o (cf. Pigafetta: **Carta al Aretino** - S. XVI) "se relamió como una rufiana" (**sic**).

Gracias, M. E., por tu gesto finísimo, y ¿cómo podría olvidarlo? No podría, claro es. Tuya tu muy
Alejandra (pizarnik)

3. Nota al pie de Alejandra: ¿te acordás del soneto de Nerval?
4. Es mi amor enfermizo.

VI

Carta en papel azul de borde violeta —hay pegados pequeños trozos de imágenes moradas y amarillas en el encabezamiento —un pequeño cisne— y la despedida. El efecto plástico es notablemente hermoso.

Buenos Ayres, sept. 1970

Querida María Elena, no te escribí antes, lo sé, pero he querido, te he pensado "bajo mil aspectos notorios" (Artaud). Sucede que escribí mucho **para mí**, como dicen las femmes de lettrines, esto es: 40 textos de un humor muy raro que no quiero describirte sino presentarte cuando me sea posible copiar algo a máquina.

Te escribo pronto.

Besos de tu balzacianita y vieja Amiga
Alexandra

VII

ENERO DE 1972

a María Elena

Lamento tu accidente y más todavía tu ida a Mar del Plata. Hubiera querido verte y preguntarte (o lo contrario o las 2 cosas) será pues a la vuelta. "Quant à moi", estoy revolcándome en la desdicha. Siempre busqué en vano un alma gemela pero esta vez es siniestro. Como si yo, por ex., dijera un verso de Michaux (duro, "real") y me mandaran a un rincón en penitencia (....).

Pienso escribirte más lentamente. Esta cartita es mero acto de presencia. ¿Cuándo volvés? Tu salud me hace bien (salud: término peligroso). Sufro con toda mi alma rusa y a la vez quiero bailar, bailar y buscar bajo las ropas un puñal. Besos de tu Sasha.

Ya salió mi libro.

Alejandra

CARTA A
ELIZABETH AZCONA CRANWELL

Elizabeth Azcona Cranwell se inició tempranamente en la poesía: a los diecisiete años publicaba su primer libro, *Capítulo sin presencia,* en Botella al Mar —la misma editorial en la cual Alejandra publicó *La tierra más ajena,* en 1955. Su carrera proseguiría luego con numerosas obras que merecieron el Premio Municipal y el del Fondo Nacional de las Artes —entre otras muchas distinciones. Su precocidad poética y el frecuentar el mismo círculo de escritores la llevaron necesariamente a coincidir con Alejandra.

Amigas desde la adolescencia, distintas y complementarias, Pizarnik y Azcona Cranwell compartieron recitales, amigos y confidencias poéticas y personales.

Así la recuerda Elizabeth en un artículo publicado en *Vigencia* en diciembre de 1980:

> *"Desde la época en que nos conocimos, en plena adolescencia, entre la angustia y el fervor que le son propios, parece hacer señas aún una Alejandra olvidada bajo los atuendos de tantos personajes que luego le sucedieron. (...) La Alejandra*

de entonces era traviesa, irónica, capaz de seducción y de cier-
ta alegría de vivir que luego se diluyó en formas de sarcasmo
y desesperanza. Entonces, nuestra amistad surgió de golpe, co-
mo suele ocurrir entre seres opuestos, pero coincidentes en lo fun-
damental, en vivir la poesía como razón de ser, en el compar-
tir iluminado, en el 'querer con el otro'. Desde aquellas tardes
transcurridas en las inmediaciones de la Facultad, en un ca-
fé, en casa de amigos (...) resurge su sentido del humor origi-
nal y cáustico, capaz de reinventar el mundo, descubrir el yo
secreto de los otros, enunciar una realidad absurda —al mo-
do patafísico— con sus propias leyes tan misteriosas como ver-
daderas. Luego fue como si se echara a andar por una oscuri-
dad hechizada en la que cada poema era como un destello
arrancado a esa penumbra (A mi oscuridad no la mata
ningún sol)."

Fue la época memorable, recordada por Cristina Piña
en su biografía sobre Pizarnik, del recital del Jockey Club
de La Plata, en que Elizabeth debió rescatar a Alejandra,
presa de pánico, encerrada en el baño y consumiendo a
grandes tragos el whisky contenido en una petaca sustraí-
da a su padre. Pero una vez frente a la burguesa audiencia
allí convocada, su desaliño y su extrañeza no contaron
más: súbitamente se abrió paso su irresistible voz y su palabra venida del otro lado de la vida —y fue el silencio religioso el que restableció la verdad que contaba para todos en ese momento memorable.

Fue a Elizabeth a quien Alejandra, muy cerca del final, le confió: "Dediqué mi vida a la poesía y ahora des-
cubro que la poesía no le importa a nadie". Esta desesperada confidencia confluye con el tono desgarrado de algunos de sus últimos poemas:

"Lo que pasa con el alma es que no se ve / lo que pasa con el espíritu es que no se ve / ¿de dónde viene esta conspiración de invisibilidades?" (En esta noche, en este mundo.)

Y prosigue Elizabeth: "Y entonces, Alejandra —le pregunté un día— ¿no valdría la pena intentar, como afirmaba Rimbaud, someter lo visible a lo vidente?". Esto pudo ser una mera disgresión, un humilde llamado que servía también para mí misma, para impulsarnos a ambas a indagar en las leyes del espíritu, a buscar más lejos o más hondo que lo habitual. "Si pudiera hacer eso —contestó Alejandra— tal vez dejaría de escribir." *(Entérese,* Año 1, N° 1, 1979.) En ese mismo artículo se inserta la dedicatoria que transcribimos, en la portada de *Las aventuras perdidas,* su tercer libro (Altamar, 1958), texto que constituye en realidad una pequeña carta.

para Elizabeth, que sabe que las aventuras perdidas son:

una niña en busca de su nombre secreto
una muchacha corriendo detrás del amor
                    o, tal vez,
una mano blanca que toca el cielo —ya está llegando—
si no fuera por una palabra que lo impide. Por eso tú
pierdes las aventuras. Por eso yo las he perdido. Hemos
perdido sin haber empezado. Es que no hay comienzo. Ni
fin. Sólo hay la palabra, la única palabra, la gran impedi-
dora, la que nos encadena en una sed sin desenlace. No
obstante, la única palabra por la que vale el vivir. Y ahora, elizabeth,
        PROHIBIDO OLVIDARSE
        de
        alejandra
        25 de agosto de 1958[1]

1. En el mismo número, donde también aparece una evocación de Pizarnik
del poeta Rodolfo Alonso, se incluye un dibujo de Alejandra con la siguiente ins-
cripción:
    "Ne me quitte pas. Regarde moi avec mes yeux qui te gardent jour et nuit".

Es decir: "No me abandones (éste es el título de una célebre canción de Jacques Brel). Mírame con mis ojos que te guardan día y noche".

Aparte del hermoso juego que asocia en francés a "regarder" con "garder" (mirar-guardar dos veces), este texto recuerda el del poema "En tu aniversario", de *Los trabajos y las noches:*

> "... Recibe este amor que te pido
> Recibe lo que hay en mí que eres tú."

CARTA A
JUAN JOSE HERNANDEZ

A su regreso de París, al promediar los años 60, Alejandra se incorpora al círculo de *Sur,* donde colabora con frecuencia. Allí conoce, entre otros, a Victoria y a Silvina Ocampo, a Pepe Bianco, a Enrique Pezzoni y al poeta Juan José Hernández, que por entonces era ya el celebrado narrador de *El inocente* (1965). Hernández recibiría más tarde, en 1966, el mismo año en que Alejandra obtiene el Premio Municipal de Poesía, el de Narrativa, al que se añadiría luego el Premio Nacional de Narrativa y distinciones como la Beca Guggenheim. Traductor de Tennessee Williams y de Paul Verlaine, su obra ha sido recientemente compendiada en *Así es mamá* (Seix Barral, 1996).

De la prosa de Hernández dijo Alejandra que era "transparente, preciosa, lujosa, simple", así como algunos de sus cuentos estaban "habitados por criaturas perversas o por criaturas monstruosas, prisioneras de una soledad irremediable e irrespirable". Desde estas afinidades profundas va entretejiéndose una amistad que se refleja en lecturas mutuas y comunes, salidas nocturnas y encuentros en la casa de Esmeralda Almonacid. Cuando muere el padre de Juan José, Alejandra le envía la siguiente esquela:

Juanjo querido: te llamé a La Prensa y no te encontré. Siento muchísimo lo de tu padre y te envío un abrazo muy tierno. ¿Qué otra cosa hacer si cada uno debe afrontar a solas todo lo que le pasa cuando pasa la muerte? Tratá de escribir poemas (sobre todo si no podés) de manera de vivificar la muerte y transmutar su presencia. En fin, no sé dar consejos, pero se trata de un proceso tan terriblemente delicado que conviene no soslayarlo. Al mismo tiempo ¿podemos tomar vino juntos? acabo de mudarme y vivo sola, al fin. Esta es mi nueva dirección, Montevideo 980, 7. El teléfono es 42-2504.

Quiero que envíes cuentos a un joven (belio y delicioso) cuentista venezolano que te admira mucho. Es un ex redactor de Zona Franca, David Alizo.

Hasta pronto, espero. Tuya,
Alejandra

PS. El insomnio me produce una suerte de afasia sintáctica; no te preocupes por los acentos en las consonantes y la desaparición de las comas, las agregaré cuando nos veamos.

CARTAS A
ANTONIO PORCHIA

Recatada, fuerte y misteriosa es la figura de Antonio Porchia, poeta de breve y memorable obra, *Voces,* de curioso itinerario. Publicada en una primera instancia por la Asociación Impulso de la Boca y traducida luego al francés por Roger Caillois, con el apoyo entusiasta de André Breton, su auténtica profundidad y el amor por la paradoja que en ella resplandece no dejarían de atraer a Alejandra. La fascinaban también la acendrada soledad y la decidida marginalidad que profesó siempre Porchia, poeta autodidacta, más sabio que culto, como lo dice Benarós, y totalmente ajeno al mundanal ruido, sobre todo al que proviene de la literatura oficial.

Recuerdo que en París hice el descubrimiento de este gran marginal gracias a ella, que me confió algunas cuartillas suyas, de las cuales aún conservo una, con su venerable escritura temblorosa. "Te deben la vida y una caja de fósforos y quieren pagarte una caja de fósforo, porque no quieren deberte una caja de fósforos." "Triste eres menos triste. Quédate triste."

El poeta Roberto Juarroz, también amigo de Alejandra, ha dejado de Antonio Porchia el siguiente retrato:

"Poseía el raro arte de la atención inusitada y creciente, una atención que parecía casi una presencia física. Quienes estábamos con él, sentíamos al hablar que cada palabra se volvía profunda por su atención ilimitada. Su forma de escuchar parecía crear la profundidad en sus acompañantes, y cuando él hablaba, teníamos la sensación de que él lo hacía "desde el otro lado", que por otra parte se volvía infinitamente próximo, mucho más que este lado."

Curiosamente, estas palabras muy bien podrían definir el estilo escuchante de Alejandra. Una afinidad poderosa, sin duda, los ligaba.

En el hermoso libro dedicado a Antonio Porchia por León Benarós (Hachette, 1988), encontramos el siguiente testimonio de Antonio Requeni: "Yo le hablé de él a Alejandra Pizarnik, a quien presté su libro *Voces*. Evoco este episodio porque Alejandra, entonces un poco más que una adolescente, reconoció después la influencia de Porchia en su poesía y llegó a escribir sobre él un artículo que le publicó Vicente Barbieri en *El Hogar*. Con todo, no fui yo, sino Oscar Hermes Villordo, quien los presentó".

En la misma ocasión en que León Benarós me señaló la existencia de estas cartas, transcriptas en el mismo libro, cuya inclusión aquí le agradecemos, me relató también una de las últimas anécdotas de Alejandra. En sus últimos tiempos, encontrándose en una afanosa búsqueda de trabajo para aliviar su situación económica y la de su familia, Alejandra se dirigió a Benarós diciéndole que sabía que la podría ayudar, ya que él poseía "sabiduría del corazón". Alejandra concurrió al encuentro con Benarós flotando en un estrafalario impermeable y Benarós, que había propuesto un cargo secretarial en el que Alejandra podría hacer valer su conocimiento del francés, le sugirió

22/VIII/72

CARLTON HOTEL
AMSTERDAM

Queridos Juan,

acaso te interese
esto diálogo entre M. I. M.
(lingüista y futura
antropóloga) y yo. Martha
admira mucho tu revista
y le ~~gustaría~~ contentaría
muchísimo colaborar en ella.

Si no te parece adecuado
para ZF, envíalo a donde
quieras, s.t.p. El
hacerse a mi nombre
señas. ¿Y tú? Hálate
un tiempo ab...

Carta a Liscano, poco
antes de morir.

cariñosamente que para la entrevista laboral "se disfraza-
ra de persona", sugerencia que Alejandra aceptó risueña-
mente. La muerte de Alejandra, ocurrida poco después,
puso fin a estas tratativas.

I

Querido don Antonio Porchia

Siempre pienso en usted y son incontables las veces en que quise escribirle. Pero siempre quería que llegara un instante único, privilegiado, separado de los otros, no parecido a ningún otro, para enviarle unas líneas que le dijeran de la manera más pura cuánto lo recuerdo y qué terriblemente importante ha sido —es— haber conocido su voz, sus voces. Le agradezco enormemente las que me envió. Mi familia me las hizo llegar. Ahora esas dos hojas con su escritura están usadas y desgastadas (por mis ojos) porque las llevo conmigo como quien lleva los obligatorios documentos de identidad. Y en verdad son eso.

Sabrá por nuestro común y querido amigo Roberto Juarroz[1] que van a hacer tres años que estoy en París. No pocas veces me tienta el volver, verlo a usted, a Roberto, a unos muy pocos más... Ahora creo que podría conversar con usted "mejor" que antes, tal vez porque perdí mi adolescencia o sufrí más o recuperé algo de la infancia o envejecí, no sé, pero al releer su maravilloso librito mi fervor fue distinto: esta vez asiento a cada una de sus voces con toda mi sangre y, lo que es extraño: su libro es el más solitario, el más profundamente solo que se ha escrito en el mundo y no obstante, releyéndolo a medianoche, me sentí acompañada o mejor dicho amparada. Y también asegurada, tranquilizada, como si me hubieran dado la razón en la única cosa en que yo deseaba tenerla. Volviendo al tema de París: lo que me calma de aquí es mi vivir sola, sin familia, viendo a la gente sólo cuando lo deseo. Esto es muy importante para mí. Necesito del silencio (o tal vez es el silencio que me necesita). "Has venido a este mundo que no entiende nada sin palabras, casi sin palabras." Esta frase se reitera en mí y canta en mí con extremada frecuencia. En verdad, no hago más que pensar en el silencio. Y he terminado preguntándome si el silencio existe. Pero si lo pregunto ya no hay silencio.

Si alguna vez desea escribirme algunas líneas me dará usted una gran alegría, me hará un gran bien. Por mi parte lamento que no haya llegado aún ese momento privilegiado en el que quería hablarle y preguntarle de una manera más hermosa que ésta de ahora. Pero como no tengo tanta paciencia ahí va esta carta y el más cariñoso abrazo de

Alejandra Pizarnik

1. Roberto Juarroz, poeta y crítico internacionalmente reconocido, conocido por su serie de poemarios reunidos bajo el título *Poesía Vertical.* Publicaba la revista *Poesía = Poesía,* en la cual colaboraban muchos poetas de vanguardia, incluida Alejandra. Una notable entrevista suya con Alejandra fue publicada en *Zona Franca,* la revista venezolana, y ha sido luego reproducida en *Cantos Australes,* una antología de poesía argentina seleccionada por Manuel Ruano (Monte Avila, 1993).

II

Querido amigo Antonio Porchia:

¿Cómo hablar de lo indecible? Sólo por medio de las Voces. Sólo ellas han logrado hacer pleno este lenguaje, sólo ellas han sabido llenar de sangre las palabras y transformarlas en la Palabra, la única valedera. Si no mediara mi gran afecto por usted tal vez no le enviaría estas líneas. Una cosa es hablar de las Voces a un público anónimo y otra a su autor. No es posible —por lo menos en mi caso— explicarlas o comentarlas; sólo puedo decirle que mientras las leía, ellas —que contienen todas las respuestas— suscitaron en mí un eco silencioso que asentía dulcemente. Un eco como proveniente de tiempos inmemoriales, como si se refiriera a nuestros orígenes, a lo más hondo de la vida. Me sucedió uno de esos procesos reminiscentes que sólo pueden llevar a los grandes y buenos encuentros. Y es a usted a quien se lo debo. Sus voces son de lo más puro y hermosos que se encuentra en el mundo. Y es usted quien las creó. Gracias.

Suya
Alejandra Pizarnik

CARTA A
VICTORIA PUEYRREDON

Victoria Pueyrredón, poeta y crítica muy activa en nuestro medio, directora de Letras de Buenos Aires, conoció a Alejandra Pizarnik en los años 60 en Mendoza, en ocasión de la Feria del Libro organizada entonces por Manuela Mur. Recuerda Victoria que Alejandra acudió a ella en momentos en que el consorcio del edificio en que habitaba, en la calle Montevideo, la había convocado con motivo de las quejas que los vecinos presentaban en cuanto a los hábitos nocturnos de Pizarnik. Alejandra había planeado una cuidadosa estrategia y se presentó acompañada de Victoria en la oficina del administrador —a quien obligó a interrumpir una reunión. Acto seguido, pasó a detallar los méritos intelectuales y sociales de su acompañante, cuyo ilustre apellido sin duda también impresionaría al administrador, y luego desplegó un impactante cartapacio en donde constaban críticas y reseñas nacionales e internacionales con respecto a su propia obra y persona. De este modo el administrador, apabullado por tantas grandezas, no insistió en mantener ante testigos las quejas de los vecinos.

Esta anécdota muestra la astucia con que Alejandra

podía explayar tácticas de defensa personal cuando las dificultades arreciaban. Al mismo tiempo, la carta que transcribo es testimonio de los malestares acústicos —cuya naturaleza real o ilusoria nunca pudo develarse definitivamente— quien los vecinos del piso superior proporcionaban a Alejandra, que sufría de fobias adversas a la concentración necesaria para su trabajo poético.

Querida Victoria,

¿te agradecí todo lo que quería (o sentía o necesitaba) tu bondad grande como la casa que "nos" gusta? (supongo que te gustaría <u>algo</u> de 4 o 5 pisos, con un solo cuarto —chico— en cada piso y ventanitas de madera verde en forma de corazones desolados pero que alientan una esperanza de cosas mejores). Y a propósito, ¡qué desacreditado el término <u>bondad!</u> No obstante, Apollinaire alude a

... <u>la bondad,</u>
        <u>comarca apenas explorada</u>
                        (ZONE)

O sea, también ella (<u>la bondad</u>) es infrecuente (como la piedra filosofal) y pertenece a <u>lo difícil</u>, como la alegría, par exemple, que resulta más difícil de afrontar que la aflicción —pero esto es largo, complicado y hoy es el "día del censo" y me digo que responderé si me preguntan, par ex,

¿qué lanas usa para tejer los guantes del gato que NO tiene?

¿es tierno su perro? ¿tierno como el de Victoria P. de W.?

¿que no tiene perro? ¿y cómo vive?

(y yo respondo: ¿es esto vida? etc, etc.)

Los filisteos del octavo piso siguen molestando[1]

¿Y si alquilo algún "crencha engrasado" para que les rompa el Culverston-Vile a entrambos? ¿Pero acaso, no es eso lo que quieren? En fin, lo esencial es que estas líneas escritas con premura (oh manes de Azorín) te digan acerca de mi reconocimiento, chère et —merci, merci— admirée Victoria. Tuya

Alejandra

---

1. Tachado: jodestando.

CARTA A
RITA GEADA

Poeta y escritora cubana, perteneciente a la generación del sesenta, Rita Geada hizo estudios en la Universidad de Buenos Aires, y allí se relacionó con Alejandra, quien le dedicó "con emocionada admiración" una copia de los *Fragmentos para dominar el silencio.* Más tarde, Rita Geada se radicó en los Estados Unidos, donde es hoy catedrática en la Southern Connecticut State University, New Haven, continuando a la vez su obra poética que se expresa en numerosos libros, desde *Develado silencio,* 1956, hasta *Verizonte,* 1977. Aun explorando una vena de lenguaje muy distinta, una temática del destierro y del desamparo expresada con austera autenticidad avecina la poética de Rita Geada a la de Alejandra Pizarnik.

MEMBRETE DE SIGLO VEINTIUNO EDITORES - 1971

mi querida rita geada, mil gracias por tus poemas o, lo que es igual, por ser vos, esto es: alguien que asume ese extrañísimo destino que es no cerrar los ojos ante la terrible claridad.

Además de agradecerte muchísimo tu preciado y precioso libro, te confío que gracias a un accidente de auto tuve que yacer cinco meses en un sanatorio. Por eso renuncié a la beca[1]. Tal vez me presente en el 72 y entonces —ni qué decirlo— nos encontraremos y hablaremos con los ojos muy abiertos.

Con muy afectuosa amistad
Sacha
Alejandra Pizarnik

---

1. Un pretexto semejante arguye Alejandra en su carta a Liscano: el accidente de auto se relaciona en verdad con su internamiento psiquiátrico. La beca de la que se habla aquí es la Fulbright, que Alejandra recibió pero no pudo usufructuar. El contexto de la carta sugiere que Alejandra simpatizaba con el destino de exiliada de Rita Geada.

CARTA A
MONIQUE ALTSCHUL

Monique Thiteux Altschul oyó por primera vez hablar sobre Alejandra Pizarnik en la Facultad de Filosofía y Letras de la UBA, cuando Raúl Castagnino, profesor del curso de Introducción a la Literatura, propuso a sus estudiantes un poema de Alejandra como materia de análisis literario. El impacto que produjo este poema en Monique fue imborrable. Es así que luego de graduarse con una tesis sobre Melville dirigida por Borges, y de haber estudiado en Munich, a su regreso al país, Monique contactó a Alejandra para mostrarle algunas versiones de sus poemas al inglés. Así se inicia una relación de amistad e intercambios, como los que esta carta atestigua.

Entre 1964 y 1971 Monique Thiteux Altschul vivió en los Estados Unidos, enseñando en la Universidad de Iowa e iniciándose como artista plástica en una carrera que la conduciría a varias exposiciones internacionales en los Estados Unidos y en Europa. En aquella época, precisamente, entraba en su apogeo el Writers Workshop de la Universidad de Iowa que dirigía Paul Engel, al que asistieron entre otros Alfredo Veiravé, Omar Hermes Villordo, Héctor Libertella y Luisa Valenzuela. También se encontraba allí el poeta venezolano Juan Sánchez Peláez, a quien Alejandra conocía y apreciaba, como consta en la carta que transcribimos. Del lado estadounidense, cuenta Altschul, apareció una tímida muchacha que venía de una granja donde se criaban pavos reales. Al despedirse de su instructor, le entregó un pequeño sobre que contenía sus cuentos. Su nombre: Flannery O' Connor.

Entre otras actividades grupales emprendidas posteriormente, Monique Altschul organizó el grupo Mitominas, que se presentó con exposiciones multimedia en Buenos Aires en 1986, 1988 y 1992. Su libro *Transformaciones,* también dedicado a experiencias grupales de comunicación y creatividad, apareció en G.E.L., en 1993. Traductora de poesía con Carlos Altschul, sus versiones de poesía latinoamericana al inglés y de poesía norteamericana al español han sido publicadas en numerosas revistas y antologías.

No es casual que la rica personalidad de Monique Altschul, particularmente dotada para moverse en un código trilingüe de asociaciones y comunicaciones estéticas muy diversas, haya representado para Alejandra un punto de referencia fundamental, abrumada como se encontró en el mundo para ella impenetrable de los Estados Unidos, en ocasión de su viaje de recepción de la beca Guggenheim. La carta que sigue es un testimonio del innegable rechazo que sintió Alejandra por una cultura en donde su obra y su persona le parecían permanecer exasperantemente ajenas. Pero los años posteriores revertirían esa experiencia: es en Estados Unidos, paradójicamente, donde la mayor cantidad de estudios y de tesis sobre Alejandra Pizarnik se concentran en este momento, y donde mayor cantidad de información circula sobre ella. La importante bibliografía reunida por Florinda Goldberg (Alejandra Pizarnik: *Este espacio que somos,* Hispamérica, 1994) confirma este punto irrefutablemente.

Querida Monique:

Aunque mi silencio sea imperdonable, sé que habrás de perdonármelo. Estuve en New York (dos días en la YWCA y 17 en casa de unos amigos en el West Village) y cada noche quería llamarte. En fin, tendría que ponerme a contar la abismal distancia que suele abrirse entre el deseo y el acto. Es mi herida central y también, supongo, el lugar de donde manan todos los poemas (o uno de los lugares). New York me horrorizó; el Village apenas me hizo sonreír, y cuando tengas tiempo y ganas te ruego explicarme cómo es posible vivir en E. E. U. U. No fui a Harvard a ver a Ivonne ni a Iowa a verte a ti porque contaba los minutos que faltaban para huir de la Gran América. Por fin me fui a París, mi "patria secreta" (cierto París, naturalmente).

Muchas gracias por tu cariño por mis poemas (el habérselos dado a Robert Bly es un ejemplo). En cuanto a mandarme las traducciones, me temo que mi inglés no sea suficiente. Claro es que mis amigos anglófilos podrían ayudarme pero te tengo confianza (y soy muy desconfiada) y creo que no hace falta mi visto bueno. Ahora bien:

si *para tu tranquilidad* preferís enviarme las traducciones, entonces hacelo cómo y cuándo quieras.

A propósito de traducciones, he conocido y quedado en muy buenos términos con el Sr. José Castillo, del Center for American Relations, 680 Park Ave. New York N Y 10021.

El se ocupa de todo lo referente a la parte literaria. Cuando le di mi último librito manifestó su deseo de hacer traducir en revistas sus poemas. De modo que le interesaría mucho, imagino, relacionarse con vos y que tu envío de la revista de Bly con mis poemas sería una excelente oportunidad.

Me alegra muchísimo el interés que despierta en Bly y en Porrúa tu antología latinoamericana. Lo que me cuentas sobre Sánchez Peláez —dale por favor mis recuerdos más afectuosos y mi enorme admiración—, que se instalará en Iowa City, me lleva a pensar que debe de ser un lugar especial. Tal vez algún día vaya yo misma, a escribir y a visitar papelerías de lujo. Siempre que no tenga que leer poemas ni dar conferencias.

Me alegra, también, tu viaje a México. Te ruego saludar de mi parte a los grandes, es decir: Leonora Carrington (a quien no conozco, hélas!), a mis amigos Ramón Xirau, Pedro Coronel y Mondragón, a mis admirados Homero Aridjis y Emilio Pacheco. Y si te aburres por no conocer gente grata y amable, andá a ver a mi amiga la cuentista Amparo Dávila:

Río de la Plata 14-1

México 5, D. F.

Y si podés, mandame una postal con un pajarito de muy vivos colores. Un abrazo

Alejandra

Montevideo 980 - 7º C

Buenos Aires

CARTA A
EDUARDO PAZ LESTON

Eduardo Paz Leston —o simplemente Teddy Paz— formaba parte del grupo de *Sur* que convocaba Victoria Ocampo, y en el cual también intervenía Alejandra; actualmente colabora en *La Nación* y en Letras de Buenos Aires. Es conocida su Antología de la revista *Sur* publicada por el Centro Editor de América Latina en 1981.

Una vasta erudición que nunca se torna pedantería y que fundamentan traducciones impecables y presentaciones y críticas literarias originales y agudas, una instintiva modestia, un admirable sentido del humor y una gran delicadeza para percibir y respetar lo otro de los otros, son sin duda las cualidades que cimentaron el cariño de Alejandra por Teddy Paz. La minúscula tarjeta navideña cuyo texto transcribimos aquí es testimonio de una relación en donde los sobrentendidos contaban más que las palabras y los pequeños gestos de acercamiento valían más que las enfáticas declaraciones de admiración o amistad.

Acompaña la tarjeta un recorte periodístico de *La Tribuna* de Rosario, de septiembre del '68, donde se comenta la aparición de un libro de poemas de Tennessee

Williams, *En el invierno de las ciudades,* traducido por Juan José Hernández y Teddy Paz, cuyo nombre ha subrayado Alejandra con tinta roja. Alejandra solía estar atenta a todo aquello que concerniera a sus amigos en la prensa literaria, y enviaba personalmente los recortes a quienes habían sido mencionados de una forma u otra en letra impresa: gesto elegante de amistad generosa de los que demasiado poco se mencionan acerca de ella.

Teddy, Teddy querido, de nada valen los buenos deseos de las bellas almas. Pero yo quiero que muy pronto se cumplan tus deseos más informulados y escondidos. Y seguí lindo para concordar con la buena suerte que, según X., aguarda en 1970 a los nativos de tu signo.

Besos de hormiguita viajera de

Sacha

CARTA A
RAFAEL SQUIRRU

Poeta y crítico de arte, Rafael Squirru, que se licenció en Leyes en la Universidad de Edimburgo, es conocido sobre todo como experto en artes plásticas, terreno en el cual ha publicado más de cincuenta libros.

Fue —entre otros cargos importantes— Director del Museo de Arte Moderno de Buenos Aires, Director de Relaciones Culturales en la Cancillería y Director de Asuntos Culturales en la OEA. Actualmente se desempeña como profesor universitario y es crítico de arte de *La Nación* y colaborador de muchas otras publicaciones.

El prestigio indudable de Squirru, y una cierta coincidencia en una mirada humorística y algo burlona en cuanto a las posibilidades y límites de la vida cultural en Buenos Aires, llevó a Alejandra a invocar su apoyo a comienzos de 1970, cuando la necesidad de encontrar trabajo comenzó a acuciarla, no sólo económicamente, sino como una manera de apuntalar su existencia tambaleante y estructurarla de alguna manera. Si bien estos trámites no llegaron a resultados concretos, la carta atestigua la imperiosa necesidad de Alejandra de visualizarse en un encuadre tranquilizador de responsabilidades asumidas y de tarea exigente y perfeccionista —aun cuando la realidad muestra que nunca supo plegarse a las condiciones de ningún trabajo regular o actividades de equipo. Hay un imposible y patético deseo de normalidad tras estas líneas que, a mi modo de ver, disimulan la perfecta conciencia que tenía Alejandra de su absoluta incapacidad en este sentido.

Querido y admirado Rafael:

¡Qué linda carta la tuya! Inclusive el papel (perdón: sufro del complejo de Peuser) es magnífico (sabrás que soy una amoureuse del papier à écrire, una Gaspara para la Stampa de la estampa, una Louise Labbé de las imprentas, una Mariana Alcofarado de los tipos (no confundir), una Safo (no confundir) de todo aquello que sea papel, si bien tengo preferencias, ya justificadas, ya irracionales).

Todo esto para disimular mi ansiedad o urgencia por decirte que tu carta me dio la profunda alegría de *sentirme comprendida* del modo más sutil, y sobre todo, *a fondo*.

Los trabajos (tu humor en esa lista es delicioso) que me ofrecés son aceptados con gratitud y —salvo súbita posesión demoníaca— con la obvia seguridad de que (lo sabés) nunca te voy a defraudar. Puesto que además de necesitar —digamos biológicamente o *para subsistir*— un trabajo, a la vez quiero trabajar *para los otros*. Acaso escribir poemas provoque, entre muchas e indecibles cosas, la culpa por el amor solitario a las palabras.

Sea en el Museo de Arte Mod. o bien en el San Martín, puedo colaborar con gran fervor (aquí se lo necesita,

¿verdad?) y libertad y —vos lo sabés— con esto tan insobornable que, bueno o malo, me dejó siempre en un lugar de soledad no poco mortal. Parecería que me pondero.

Rápido, pues: agrego que soy insoportable para (o con) casi todos (con vos o para vos, no).

Ando pensando en el San Martín, un precioso espacio que no deja de estar, en parte, bastante muerto y que no sería difícil vivificar hasta que parezca una calesita o cualquier otro sortilegio parecido que se mueva y emocione y no se olvide. Me gusta el lenguaje exacto, le mot juste, las cosas correctas, terriblemente visibles y que se levantan como se levantan del papel las letras del poema de Quevedo que acabo de leer. *Ergo*: pensaré mejor cuando sepa qué hay, cómo es, de qué modo, cuánto, hasta dónde, etc., etc. El sueño, sí, pero dotado de las calidades del teorema. La metáfora sí, pero exacta: que no sea posible cambiar un "esto" es igual a "eso" —de modo que hay que formarlo como quien alza en la oscuridad una mano asida a un puñal. Son las 6 del alba Galana. Me voy a dormir. Te llamaré en la fecha que me indicás. Traé papeles de escribir lindos. Claro es que: EN LA LUCHA. Besos de tu amiga, tu

Alejandra

CARTAS A
OSIAS STUTMAN

"Conocí a Alejandra Pizarnik en la época de *La última inocencia* (1956) a través de Arturo Cuadrado, que con Luis Seoane dirigía la colección de poesía *Botella al Mar,* y nos veíamos con frecuencia hasta su ida a París en 1960. Recuerdo juegos verbales de café que consistían en hacer múltiples variaciones sobre versos conocidos, que se iniciaron con 'Sólo un nombre', breve poema incluido en *La última* (Alejandra Alejandra / Debajo estoy yo / Alejandra). También usábamos versos de los románticos argentinos como José Mármol (1817-1871): 'y vosotras, rodando por la esfera, / hidrópicos los senos, / lanzásteis cual torrente furibundo, / entre millón de truenos, / las aguas del diluvio sobre el mundo'; o Rafael Obligado (1851-1920): 'Alzando con angélico heroísmo / la muselina del sencillo traje'. Yo partí para los Estados Unidos en 1965 y no volví a ver a Alejandra Pizarnik hasta principios de julio de 1970 en Buenos Aires. (...) Las cartas están ordenadas en un orden cronológico posible."

Así presenta Osías Stutman, poeta e inmunólogo argentino que divide su tiempo entre Barcelona y New

York, esta interesante correspondencia, que fue publicada en la *Revista Atlántica,* Cádiz, 1992. Como observa Stutman en su excelente nota introductoria, el estilo de estas cartas coincide con el de *La bucanera de Pernambuco* y *Los poseídos entre lilas,* obras póstumas recogidas por Ana Becciù y Olga Orozco en *Textos de sombra,* Sudamericana, 1982. Algunos fragmentos exhiben inclusive concordancias textuales. Un estudio sobre estas correspondencias ha sido emprendido por María Negroni, a quien debo el contacto con Stutman, y que desarrolla en este momento un concurrido Seminario sobre Pizarnik en la UBA.

Stutman señala asimismo que el papel y los cuadernos mencionados en las cartas de Pizarnik "hacen referencia a un pedido de enviarle cuadernos de notas y papeles de diversas texturas que Alejandra Pizarnik creía existían en abundancia en el país del norte". (Sobre un tipo similar de pedidos, véase más adelante la correspondencia Bordelois - Pizarnik.) En cuanto al "Zoilo de tu home que se abre", en la primera carta, "es comentario al hecho real de que el suelo de la cocina de mi casa se estaba hundiendo lentamente", dice Stutman. "La Bioquímica" es un personaje inspirado por hechos ocurridos durante la visita de Stutman a Buenos Aires, en julio de 1970. (El texto escrito alrededor de este tema fue terminado en 1973 y sigue inédito.) Finalmente señala Stutman que "las cartas nombran a personas locales argentinas (e internacionales) casi siempre por el valor eufónico de sus nombres y no creo necesario dar más detalles sobre esto (por ejemplo, Hugo Parpagnoli, Azucena Maizani, Armando Bó, Juan Jacobo Bajarlía entre los argentinos) —Frida Schultz de Mantovani y Laura Holmberg de Bracht, cuyas variaciones aparecen en varias cartas, están asociadas al medio cultural argentino de la época."

Como poeta —sus *Fragmentos personales* (Editorial Olifante) se presentarán en Zaragoza, Barcelona, Madrid y New York próximamente— Stutman no podía dejar de reflexionar sobre la naturaleza del delirio verbal al que se entrega Alejandra en estas cartas. Me permito transcribir, dada su elocuente relevancia, su *Comentario final,* en la nota introductoria a las cartas de Pizarnik:

> *"Los juegos de palabras son complejas construcciones del lenguaje. Casi todos los idiomas tienen un vocablo para definirlos: retruécano en castellano (que Borges usa para calificar los juegos de Joyce y Gracián),* facècia *o* contarella *en catalán,* pun *en inglés (derivada del italiano* puntiglio *que es argucia, sutileza, sofistería) y* calembour *en francés (la más sonora). Los diccionarios también me indican que el italiano, el alemán y el latín usan un equivalente a juego de palabras (gioco di parole, wortspiel, y verborum ludus).*
>
> *Jugar con las palabras no es cosa nueva —muchos lo han hecho, desde los varios Siglos de Oro en Las Literaturas hasta los severos infante-cubanos de nuestro tiempo. Es una forma del barroco de todas las épocas sin la vanidad del barroco tradicional que hoy merecemos. No hay real diferencia entre 'el alígero Dante' de Gracián, el 'Rose Sélavy' de Duchamp o el 'Tu Est Eliot' de Alejandra Pizarnik (Carta IV).*
>
> *En los años cincuenta, los surrealistas sobrevivientes decidieron diseñar escudos heráldicos para cada autor importante vivo o muerto (Marcel Jean en* La Nef, *nº 63/64, 1950, pág. 62) y la sigla de Guillaume Apollinaire, gran calembourista y retruecanero, fue 'J' émerveille'. El maravillar es parte clave del mecanismo oculto del juego de palabras.*
>
> *Los textos en* Los poseídos *y estas* Cartas, *son guirnaldas de sonoros calembours con capacidad de maravillar que retienen el poder de contar historias. Esa es su eficacia. Aparecen así textos que se transforman espontáneamente en un lenguaje claro, sin necesidad*

de conocer la tragedia o el detalle de la palabra que se oculta detrás del juego. Pero el querer descifrar esa palabra en su nueva forma es también una parte del juego, y el juego es el motor de esa creación. Sin embargo, el juego es maniobra de exhibición y ocultamiento porque oculta lo que muestra. Por ser juego es actividad que a veces asusta, pero por ser juego es también obra de maravilla."

Osías Stutman, Nueva York, 1991

Añado aquí que el transcribir estas cartas no ha sido una tarea fácil, dado el crescendo angustioso que me parece advertir tras el torrente de aliteraciones, alusiones, humores festivos o procaces, puerilidades, arranques líricos, pedidos de atención, y algo en el fondo forzado y amargo sosteniendo el delirio exterior. La lucidez explota finalmente cuando Alejandra, en su penúltima carta, identifica este período como una zona de locura y cita a Vallejo:

" *'Todo está alegre menos mi alegría'." ¿Te gusta el Ballejo, digo César V.? A mí me friega, pero es verdad que estoy (soy) con un no sé qué de aciago, de manierismo funesto que me adorna ridículamente como cuando en el cementerio juif lavan al muerto con Lux."*

Un no sé qué de aciago, un manierismo funesto en verdad presiden estas cartas, que bajo sus brillos y sonrisas ocasionales parecen señalar la presencia de lo ominoso. Escalofriante es también la referencia a Hölderlin, en la última carta. Distintas de todas las otras —del mismo modo que lo es la obra póstuma de Alejandra con respecto a su obra publicada— revelan sin embargo un contraluz necesario a la totalidad de su persona poética y real. Sin ellas, su imagen no sería la misma y sin ellas, nosotros seríamos lectores engañados.

I

Sobre con marca de correos 25 de agosto de 1970.

PARA OSIAS

a Muenos Ailes, y en 170 de la zéfira autumnal
inventé un féretro de mimbre
¡para verano! (ja-bú-bú! que menga de Miguel
de
Unamona!
Tengo miedo de la tomboctul!)

En tinta negra
Pfjñe! Qué tanto fabricar cuadernos! Mirá esta hoja
de papel hig... digo: de arroz legítimo! Por sólo 14 000$
Ley comprás 2 tuyes, digo 2 ujes. Pfjñé! si no te apurás,
le escribo a Onaniss que es armero, pajero, a transistores
y va a la Martona y no tiene leucocitos en el pish-pash
(vulgo: pepelos en la lelengua... ¿titíla, tía Atila?) (*En tinta violeta*) De modo que o mendás papel prá mí menor
sostenuto (o t-tuto mentro fernientri langue d'oc ün lang
d'O.K. un 30 dólares yes fine thank you y mandame un
corpiño para Hugo Parpagnoli (?) y unos calzoncillos para por si me operan yes

Para Osías
Alexiq van mi-ré-mi-ré-mi-sí-ré-dó-las -
"le clavé muy hondo mi culo azul" Anado Verbo.
Tú (2)

En tinta violeta, correcciones en tinta azul
fine y yo tejeré un étui penniene (con lentejoilas!) como los que vende mi tío Lévy-Strauss en el Rest. Golden-
berg (Ile Saint Louis) con campanitas (6) para que respiren
y tintineen y todo Minneapolish sienta que disfrutás de la
vida y tirás la cácjara en el Zoilo para que la pise Azucena
Maizani o Troilo o Edmuñe Riperro y canten ese tang de
la dinastía ming "desúbito coxal, me la agarré"! fine estoy
contenta porque mandé a la merduzia a un shlieper que
casi me deja enfinca de un Rodríguez no sé cuanto. ¡Yo,
quedar Rodriz!

II

A máquina, firmada en lápiz - fecha ilegible
grandi-osías perdona nuestros hados por tanta demo-
rancia en aplicar y aplacar los dedos posándolos hercula-
namente en la makinilla escrituraria. Mucho por nada ha
pasado en este lapso de tiemputo que pasó y no vino, que
pasó sin haber venido, oh Kafka, oh mundo, oh flores do
verde prado!

hoy es un mal día para escribirte, pero hoy es ayer y
mañana, allez, allez le temps!

tenemos que inventarnos urgentemente una tía no
achacosa para poder achacarle manías y maníes, oh manatíes,
oh culosóngoro, o ritos budúes en la china y en la pascua.

Alejandra ironiza sobre los afanes
gramaticales de Ivonne B.

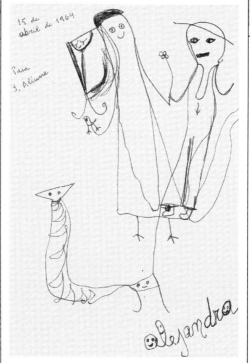

rjeta enviada a Ivonne B.
ı un dibujo que recuerda a los
ɔuestos en la exibición organizada
la Galería Galatea con
ınucho Mujica Láinez y Cecilio
ıdanes.

"Todos los judíos tenemos una tía llamada Klara" —Kafka.

De modo que nuestra tía Klara depuso al presidoch Levingston —lo de "gston" es para que no se note que juega a la pelota al cesto en macabí junto con Klara, con M. Klein, M. Mead, M. Langer, Bajarlía, Liberace, Thelonius Monk de repente y yo exit.

yo exit, ¿& you?

i'm shut as a chat.

parezco un dogo loredano, ése del bull-dog en la siniestra y un chihuahua lamiéndose la tetilla con pelos.

y'a que les poils pour rire dans le nez de quelqu'un —ou dans le cul ou dans le sekx.

yo exito; luego, quiero rebentar como una mosca atrapada por la mano de alguien que está por morirse y dice chau con 4 dedos.

y Klara?

le mandó pepinillos en un viejo frasco de nescafé envuelto en papel de stress a franco, a saragat, a saaaaaara (personajito de una prosa mea) a Sa de Niranda y a Sa Korsakoff.

No hago nada pero siempre lo hago mal, siempre evoco al merdaz

—al día siguiente: *(en rojo en el original)*

olvidé quién fue mordaz con e *(la e en rojo en el original)* al punto de querer citártelo como quien se sienta como quien se para.

la poesía es madre de todos los oficios salvo el del ofidio, pero ni aún ése te da para comer, oh flores, oh insectos, oh verde paradiso de las mamaderas infantiles, le soir, dans la fôret.

ando triste como un samovar perdido en una remota itsba de mar chiquita —avec les brocs de vin, le soir, dans la foret.

160

tric-tlés! tarctiounaires! tric! (*En tinta azul*)

Alors, después de un tremante chantilly con el florista (18 eneros) <u>era</u> bello!) me morí de pena (no de... ha! ha!) le regalé un encendedor y orbuá, si ye te vi, y'ne mé rápelle plis. fine! Ahorita studio tu cartuya con la labioquímicaterapista. ¿Es hermana de Armando Bó la bioquímica? ¿Y cómo coje si lieva un acento endelante et 1 en tujestrás? Leé a Pijoan? Es lalo[1]. Contá —titiritití + y + acerca de la Bioq. (*Al margen:* Quiero más cosas, música de Bioqui). ¿Qué apelido tiene? ¿Es una pélida? Una átrida? Oh, con el atridente del juicio le ensartó el culo —fine!— y tengo un cinturón nuevo en forma de teléfono. Orbuá. ¿Y las nueces? ¿Y el Zoilo de tu home que se abre?

¿Y Buffalo Cul? Y Culnix, es buen presidente? Y el papel? Y chuick, osías schuick, pfff, shchmack, brrr, prr! biba hegel! Sacha.

En tinta azul

P. S. Si se te vuelve a parar en el páramo, comé (ñé!) en la comarca bailando una kamaraskaia (¿sabés cómo viene y a quí se parece? Se parece a Blas Parera y a Fryda Schmutz de Manco-Capac. C'est tout —yes— qu' elle dit en flairant l' atmosphère. Ça sent l' entrejambe! —qu 'elle dit. Son las 5 del alba de dedos roñosos (c/u mira lo + a mano) y teliminé un eventito-pomo que ¡Ay veiz mir! Te lo jujuro y si querés te copio una palabra word) por carta dq' yo seré pornó pero contagiar ¡eso ñe! ¡oh osías! agarré un cuento del (padre) Paredro Coloma que Já - Já. Por ej: "Por un sinapismillo..." y lo hice cocojer al Duque con la Duquesa delante del confesorete y luego entra Lord Duncan quien méte...(já, já, 'ste chico) también. Acablotski y ¡v; là la surprise! empieza e; petisito y gordísmo Paredro Cacaloma y los otros 2 le hacen chás-chás en el culín a la

mina porque el confesorete es así: papapa-pá-pa-pá-pá!
(música de fondo: marcheta pegonihilista). Oh me ator-
menta la lluvia de hoy pues pienso en rosas. - VALE Isi-
dora Dumont.

triste de ser y estar, cosa que me pesa, pesa que me
cosa, pisa que me queso, queso que me posa, caso que me
pusa, aj, aj, aj. —agregó la tía klara tiñendo de verde su
plato de bosch y su vaso de breughel

perdoná si hablo socieramente como una vuaianta
andaluza

lo primordial es medrar, el resto es errar de lit en lit.

como podrás comprobarlo, te mando una carteta sin
chistejes. es culpa de la tía Klara que se casó con un sillón
de mimbre. mimbre, miembro, allí reside el cisko kid de
la kuestión, que decía freud tocando el timbre a fin de recobrar el miembre. Un abrazo crujiente como una jaula
de mimbre de tu
Alejandra

---

1. La lobotomía (ej. caperucita r...oja)

III

*Manuscrita, en tinta negra con correcciones y subrayados en tinta vio-
leta. Membrete impreso que dice Alejandra Pizarnik. "Oda a Lázaro" es
un collage. Fecha ilegible.*

le 47 fevmars
Tuto mío: en 1900, el conde
Zeppelin inventó lo que indica
su nombre.

* * *

phoematikón

Oda a Lázaro
Lázaro tiene una pistolita
tiene un pistón,
tiene una escopeta,
tiene un bastón.
        Emilia Bertolé
Música de Bertold Holmberg de Bracht.
Tuto!!!
¿Y el papel?
¿Y los cuadernos?
Moraleja: Para Esfínter me
Edipo sola. (Mi último cuentosh
—Mckintosh —se llama.
Time is Mamy —dijo Oedipo a la Esfínter.
Te lo dedico,   ¿te gusta?
                ¿te lo
                mando?

Esta noche me empedo —
dijo Empédocles de Elea a
Zenon, el del cementerio de Mar del Plata
Cornes au cul! Vive le
guajoloth!

Quiero papel! —dijo—
Concha Espina a Ma. Raquel Adler.
—No soy la dueña de las herrerías
para herrumbrarme en espera
de un poco de papel. ¡Quiero papel!
dijo Juana Manuela Gorriti.
Tenet fet —dijo el feto. (¡Qué

sinecura esto de fifar en un cine con un cura!)

Chuick y smack para Tuto de la SUA Alexandra
(Mae West)

IV

A máquina, usando cinta verde —subrayados y notas manuscritas en
tinta azul. El sobre lleva marca de correos del 11 sep. 1970

acaso Primavera? 1970? AM I? I? (?)

Tuto?:

Volvé Tuto! no les hagas caso a las columnas de mis
enemigos, abortos de fantasmas impúberiberis, talles 68!,
piernas de cerdos y coñitos made in Rosario (en cuanto a
"ellos" son de Once, todos del almacén donde Fr. Schulltz
de Schmaltz und Taxi-Fleet vende mantos de jamón del
diablo —tal como se describe en esa preciosa novela de
Lubics Milosz intitulated *l' amoureuse initiation* que no te
mando por no tenerla que si no hoy por hoy, yo por vos,
vos por mí, y yo cualquier día, orbuá, orbuá,

te inh ibbitstuck porque no tenés ganas-ganas de
emiarme papel?

PAPEL

PAAAAAPEEEEEEEEEEEEEEEELLLLLLLLLLLL
(no soy efusiva: digo solamiente que somos de papel y no
canias huecas de caracú, como dijo Tu Est Eliot y buen
provecho —qué palamierda "provecho". Dan ganas de
empuñar un tenedor o, mejor, varios escarbadientes (te
acordás de los onz mil vergers, de apollinairilke?) hay una
srta. que dice a un sr. que se lo guarde su, su, su

vot'cure-dents!

C'qu' on a pu rire avec ce cure-dents —dijo la hija de
Fanny Hill, la de la fábrica de los bolsones para transportar fois-gras de contrebande.

oy estoy sin umor

pero he aquí la mother que me llevará el correo a la correa

de modo que te envío una correíta

—apareció —en mis textex— un loro más: Caracalla

el cual tenía un hermano llamado Jeta —fijate en

el larousse y verás

apareció la reina Lupa apareció el personaje Mea Culpa

estoy sin umor correíta

te envío una cartacalla

negra yeta, justine que me pagan una vuelta de co-rreíto

oy estoy sin umor

como Fanny Eliot, la de los bolsones rellenos

para transportar a Caracalla en un taxi-fleet

como rilke a la princesa homónima

que tocaba la armónica zug y comía sugus

mas no mú-mú

sólo los locos comen mú-mú

Sabías que una vez en Piriápolis conocí a la Sra. Piria, la sposa del foundatateur de pipiriapolis? Lo digo pqrq conozcas a la sra. Minnea, y siempre así.

somos

escarbadientes de papel, como dijo Aristarco el Terco somos un jardín de papel.... la vida, ikebana —y qué vana, como dojo Covodo en Domodossola, besitos —3— de tu

(Nota manuscrita al margen) hacer chístejes sin umor es verlos salir d'antre les duá di pié!

V

Manuscrita; tinta azul. Membrete: Montevideo 980, Buenos Aires.
OCT. 1970

Osías lindo magüer mi predilección por las criaturas que nacen de eso que hace que los mumnebles crujan y graznen a las 2.05 y de lo que se forma en las cañerías de las casas embrujadas (oh manes del embrujo de Sevilla! Oh manes de la brújula de mi tío de Lodz, cerca de Podz, frente a Modz, de culo a Jodz).

Ich been die heilige Lola (vengo de descubrirlo; y ello, gracias a unas medias 3/4 bordadas por el padre Coloma bajo els batuto del bioquímico Toscanelli, maestro menor de las ubres completz de Mallarmaé en 20 tomos, un dado, 1 península, sifón con dulce de higo, zumo de Concha Espina, y otros diputados de la Cámara de los Comunes y de la de los Grasas.

Tell me why your letter is so short —te pregunto disfrazada de girl-scubidou jugando al tuto con el padre Coloma y la Hna. San Sulpis.

La Bioquímica no es una ciencia sino una verdad moética. El miasma bioquímico es un monets de 140 mílabros lleno de viboritaspisoteadas en la calle Floridaskaia.

"Acerquensén y remuebán! Pero por favor no me pisen la viborita!" gritó Nicolás Guillén, hijo de la chingada de Cuernavaca, suerte de Dame de la Licorne al negre.

"Todo está alegre menos mi alegría". Te gusta el Ballejo, digo César V.? A mí me friega, pero es verdad que estoy (soy) con un no sé qué de aciago, de manierismo funesto que me adorna ridículamente como cuando en el cementerio juif lavan al muerto con Lux... En fin, tomaré Anís del Mono junto con Amargo Obrero para consolado-rearme allí donde Rodion Raskolnikoff sentía una main froide

—Bú-bú! —dijo Concha Espesa.

—Pelucas pubistéricas! chilló,
pidiéndolores, el
burgomaestre del pito
arramadizo.

Y no más pues (ll)ueve y (l)os (p)erros (l)adran a la
(l)una.

(Difícil? Juá-juá)

Qué pestales pereciosas que chuick (aquí un veso de
vestal) 1000 grecias pero no frigia y a mucha honra.

Te (b)meso con mucha (ter)mernurath.

De Alexandra la Otra a Udolfo de Otranto.

VI

A máquina, membrete: Alejandra Pizarnik, fecha ilegible en el sobre.

Mi querido lejanito, ¿quién fue que dijo que el ru-
mor se vuelve contra quien lo produce? Creo que lo dije
yo en un ensayito, puta mandria que me fadraga, ¿es que
nací en Paracuellos de Giloca? ¿sabés que cuando me viste —nos vimos— yo bordeaba metódicamente la locura?
Suena literaria en el sentido de que debés odiar esta última frasezuela mea. Yo lo odio más pues es verdad. Quién
diría que los simples juegos de palabras etc. etc.

Enfin, dijo, y les espetó:

—Cágenla a pelos, muchachos, porque está muerta y
finge morir. Oh sombras con almorranas. Oh aspirantes a
vates-closet.

Espero, mon amichu, que me comprarás un corset y
espero, sobre todo, que te rías como 33 chicos tentados
que no pueden apagar la única vela de cumpleaños, que
te rías de mis temores expuestos con una precariedad de
mala laya porque en verdad no fui veraz. Pero para qué ca-

rajoles serlo? dijo Bostia Seller, la novelista mood-camp del ferro-kitch.

Osías, amigo mío, tuve que que haberme muerto en diciembre, cuando terminé de escribir esas prosas de humor, las corrosivas que ya te mencioné. Ahora solo me la paso pensando qué mala suerte tuvo Hölderlin al vivir 40 años después de su erosión y corrosión. Y qué suerte morir joven. Inclusive es útil para alguien como yo, que jamás superará a alfonsina storni debajo de emilia bertolé y fustigadas por laura holmberg de bracht, madre de bertold, dueño de las cervecerías quilmes.

Te juro que ha sido mi única carta quejicosa. No me hagas caso, escollo de mí que soy, y aceptá esta imperdonable cartita llena de yo-yos, baleros, —entre els eleffants, munid de caixas de baleros, digo en un texto en neo-catalán.

Tulla

Empecé un cuento así:
Era una mujercita hecha a mano, a pie, a culo...

Kafka en sus diarios mira los dientes de la sra. ch., de la que se enamoriscó:

...y podría ser que usara un mondadientes.

—toda cita presente o futura es aproximada por ser mnemotécnica— palabra que me hace sentir más animada

CARTAS A
JUAN LISCANO

Alejandra Pizarnik sabía de Juan Liscano a través de un amigo común, el poeta venezolano Jorge Gaitán Durán, fundador de la legendaria revista *Mito*. Muy admirado por Alejandra, que lo conoció en París en 1960, Gaitán Durán murió poco después, todavía muy joven, en un accidente aéreo, de regreso de París a Venezuela, y Alejandra lamentó enormemente su pérdida. Pero Gaitán Durán sería para Alejandra el brillante emisario de Juan Liscano, una figura mayor de las letras venezolanas, que se destaca como poeta y crítico con una obra numerosa y original: *Cármenes* (1966), *Edad oscura* (1969), *Los nuevos días* (1971), *Panorama de la literatura venezolana* (1973), *El horror por la historia* (1980), *Domicilios* (1986), *Mitos de la sexualidad en Oriente y Occidente* (1988), *Fundaciones, vencimientos y contiendas* (1991). Su pensamiento se sitúa en la línea de un americanismo crítico, en sus orígenes relacionado con el movimiento nuevomundista. En el año 1964 Liscano funda, junto con Guillermo Sucre y otros colegas, la revista *Zona Franca,* en la que Alejandra intervendría con reseñas y entrevistas que dejaron huella. Estas entrevistas incluyeron a Victoria Ocampo, Jorge Luis Borges, Juan José Hernandez, y Roberto Juarroz.

Quince años después de la muerte de Alejandra, Liscano publica una de las más apasionadas defensas de su obra (*Prosa poética,* Editorial Endymion, 1987), de la cual rescato algunos fragmentos que me parecen imprescindibles:

> *"En una tenaz y ardiente tarea de desgaste amoroso, sensorial y psíquico, Alejandra Pizarnik logró preservar, en un acto desesperado de compensación, la pureza de su escritura (...)"*
>
> *"El lado radiante de la poesía ocultaba una terrible incapacidad para encarar los hechos, lo que es, lo que no necesita palabras para existir y manifestarse en sí mismo. Era el descubrimiento gradual dramático de un no poder adaptarse, de una suerte de rechazo a la vida en sus implicaciones crueles, alienantes, edulcorantes."*
>
> *"Criatura frágil, en cierto modo indefensa, de una sinceridad desacostumbrada en el campo de la literatura, de la misma poesía dominada por muchos hombres y mujeres de letras frígidos y calculadores, perfectamente capacitados para eso que llaman 'lucha por la vida', ceremonial de las escaladas y de los triunfos, de las zancadillas y de las negociaciones, Alejandra Pizarnik no podía desligar el milagro de crear poesía, del sufrimiento de vivir y de vivirla sin dispersión de metáforas ni acrobacias verbales. Lo admirable es el equilibrio del lenguaje, su diafanidad, la resonancia interior, la parquedad sustanciosa. Entendía el poema como un acto de pureza, un rescate de la existencia, un fragmento rítmico del mundo, una síntesis. Y dentro del poema todo arde, todo palpita y mira, todo rebrilla o se entenebrece. (...) Pero lo que quisiera exponer, en estas inseguras apreciaciones subjetivas, no es su alta calidad literaria, sino el sufrimiento con que la respaldó, la generosidad con quien vivió la poesía, ese don de dar y darse hasta perderse 'en el cen-*

tro del centro', desposeída, maravillada entre la muerte y el
gran deslumbramiento de vivir. Lo que quisiera decir es que
Alejandra Pizarnik encarnó la poesía y fue devorada por ella
y a la vez transfigurada en el poema. En esos poemas que serán
leídos una y otra vez para revivirla."

En cuanto a la correspondencia que aquí reproducimos, Juan Liscano la prologa así:

"Empecé a corresponder con Alejandra Pizarnik hacia
1963. Sus cartas de letra menuda resultaban prolijas en detalles
y proposiciones de colaboración en Zona Franca, *en observaciones.*
"Cubrían páginas enteras en un dibujo fino y armónico.
A partir de enero de este año, empezaron a llegar misivas de ca-
ligrafía alterada, después de un muy largo silencio de casi un
año. Se refería a sus accidentes, dejaba entrever un inmenso des-
concierto, una exasperación ante el dolor y, por primera vez, se
dejaba ir a opiniones feroces, a juicios sobre personas irónicos y
crueles. Era como malacrianza y desesperación. Entre las líneas
brotaba el recuerdo de los males sufridos, de una aproximación
casi total a la muerte. Hemos entresacado de esas misivas últi-
mas lo que no pudiera herir a nadie y revelara, sin embargo, su
íntima rebelión existencial, su deseo de ternura insatisfecho y el
desconcierto sin remedio."

Los textos están tomados del número de *Zona Franca*
correspondiente al homenaje a Alejandra, luego de su
muerte, en diciembre de 1972.

I

PARÍS *1963*

Todo este último tiempo me pedía no tomar el camino fácil: el de creerme víctima, el de resentirme y descreer de la bondad ("comarca que pocos conocen"), de la piedad, de la amistad, nociones poco estimadas en la literatura contemporánea pero es que a mí me parecen el único camino, el más difícil.

II

BUENOS AIRES, *21 DE MARZO DE 1964*

Estoy luchando con los nuevos poemas, lucha "cuerpo a cuerpo", como diría Octavio, y estoy enervada y llena de insomnio a causa de esos malditos poemas que me hacen sentir indignada de respirar. Enfin, volveré a estar bien en cuanto me conforme algo de lo mucho que escribo ahora.

III

Estoy haciendo lo posible —es decir, lo imposible— por volver a París. Allí, a pesar del desamparo externo, soy más feliz. Quiero decir: puedo escribir con más libertad (esto es tan complejo y tan indecible). Y ya que hablo de "lo indecible", pocas cosas me han impresionado más que el número de la revista dedicado a Reverón[1], quien se me ha converido en una suerte de figura interna no poco obsesionante.

1. Número 3 de *Zona Franca*, primera quincena de octubre de 1964.

IV

Me alegra que te haya interesado el ensayo sobre la maldita condesa (ha sido mi primer —y último, espero— encuentro con el sadismo, que no comprendo, que nunca comprenderé)[2]

2. Alude Alejandra aquí a un texto publicado en la revista mexicana *Diálogos*, en 1965, que luego se convertiría en su libro *La Condesa Sangrienta* (Elizabeth Bathory), publicado en 1971 en Acuario, Buenos Aires.

V

Querido amigo Juan, unas pocas líneas para decirte con cuánta emoción leí tu ensayo acerca de D. H. Lawrence, magnífico en todo momento y en todo sentido. Además por motivos personales me hizo mucho bien.

Trabajo para *Zona Franca* en un artículo acerca de Macedonio Fernández y en una entrevista con el Dr. Pichon Rivière cuyo tema central serán los nuevos descubrimientos de este último sobre Lautréamont. Todo esto trato de hacerlo lentamente para que esté bien hecho, que sea digno de los temas escogidos. Ahora bien, en el interín acabo de recibir dos propuestas de entrevistas. La primera es con Juan José Hernández, excelente cuentista amigo de José Bianco. Creo que la nota acerca de El Inocente —primer libro de cuentos de Hernández, recientemente publicado por Sudamericana— será redactada por un amigo de Sur, Enrique Pezzoni (Bianco te escribió o te escribirá al respecto, me dijo). Ahora bien, Hernández se quedó fascinado con aquella entrevista que le hicimos a Mallea. Y como el libro de Hernández es de primera calidad, pienso que puede ser útil adjuntar a la nota de Pezzoni una entrevista mía (de menor extensión que la dedicada a Mallea, claro está) acompañada de material gráfico. En fin, Pezzoni, Bianco y Hernández están tan entusiasmados con la idea que querían ponerla en acción. Yo prefiero consultarte antes de comenzar esa entrevista.

Del mismo modo, y en este caso hay menos entusiasmo juvenil, pues se trata de Alberto Girri, el poeta argentino a quien no necesito presentarte y que acaba de reunir sus libros en una antología titulada "Poemas Elegidos". Sin duda estarás de acuerdo conmigo en que Girri puede seducir o repeler pero es uno de los escasísimos poetas *serios,* y además es importante en el sentido en que influye en otros, en que hay otros que lo imitan. Girri, como sus poemas, es bastante seco y silencioso. No obstante días pasados me asombró su propio ofrecimiento —venido de su propia iniciativa— de hacerle una entrevista para Zona Franca (también él había leído la de Mallea). ¿Te parece que debemos aprovechar este único momento de deseo de comunicación tan abiertamente manifestado? Si te parece que sí, me dedicaré a preparar el cuestionario.

Adjunto algunas fotografías. Me siento muy diferente de aquella que aparece en el Museo de Cluny, junto a nuestra amiga Olga Orozco.

Un abrazo y hasta pronto

Alejandra

VI

Querido Juan:

Aunque leo tu libro muy despacio —no sólo por falta de tiempo (no creo mucho en esto del tiempo *externo*) pues realizo pequeños trabajos: notas, traducciones, etc. (al final, ocupan más que un empleo de horarios rigurosos), no por falta de tiempo sino porque leo y releo un poema por vez— seas tú el autor, sea Nerval, sea Catulo, sea un jovencito poeta incipiente. Y ello, porque deseo —desearía— acercarme lo más posible al poema, al sentido, a los sentidos que le da su autor. Pero sin perder nada; las frases y su ritmo y su valor plástico y aun la carga inaudita que puede tener una sola palabra. Ejemplo: "Yo canto", ese poema que me enamora tiene (lo siento) múltiples sentidos; es un cuento de amor, es un fragmento de una biografía —del "yo" o del "tú" o de ambos, no es necesario saberlo científicamente. Pero ya me tengo leído casi la mitad del libro— aunque vuelvo al "Yo canto" como a un lugar de reposo (los poemas favoritos son como una patria, al menos para mí) y tanto, que ya reside íntegro en mi memoria, junto a Piedra de Sol, de Octavio, y otro que leí hace años: "Dans ma péniche", del desdichado Luis Cernuda.

Hay algo difícil de hallar en nuestra poesía (la de

América Latina, pues no sé separarla por países) y es una perfecta conjunción entre virilidad —es obvio que hay una poesía viril— y ternura y dulzura. Así es la de Octavio, así es la tuya, así la de dos o tres más. No la virilidad brutal de mis jovencitos compatriotas —significativa de problemas y de conflictos y que se resuelve en un *machismo* insufrible pues en el fondo mi teoría es que: a más *machismo,* más miedo a no ser— o parecer hombre, es decir miedo e inseguridad y un mucho de homosexualidad aterrada. Pero quien está seguro no insiste, no teme a la ternura, no necesita probar nada ni exhibirse ante nadie. No lo digo como una crítica a mis vecinos de ciudad, pero lamento el gasto de energía: poesía dura o poesía blanda. En fin, yo creo que no hay altos poetas sin una delicadeza peculiar, sin una dureza particular que nada tiene que ver con los problemas privados. (Michaux, tan solitario, suele tener las dos cosas, ¿verdad?).

... dentro de muy poco te envío la entrevista con Girri. Ten paciencia con la de J. Hernández. El impaciente es él. Ya pensarás qué otras figuras te interesan para el futuro. (...) Sí, puedo hacerle una entrevista a Juarroz y, también, solicitarle colaboración para Zona Franca. Lástima que la revista³ —de formato pequeño y cálido— que hacía no aparece más por decisión de Juarroz... dentro de 15 días demoraré 3 ó 4 en completar la entrevista con Girri —quien supone, cree, que ya ha sido enviada; no le dije que no porque pienso arriesgarme a cambiar el tono de algunas respuestas, por la sola razón de su aspereza. Entretanto leo, mejor dicho, releo a Juarroz, de quien me ocuparé apenas te envíe el texto dedicado a Girri (el tono áspero —acaso amargo— no me impide apreciarlo mucho; por eso, precisamente, he de suavizarlo imperceptiblemente)

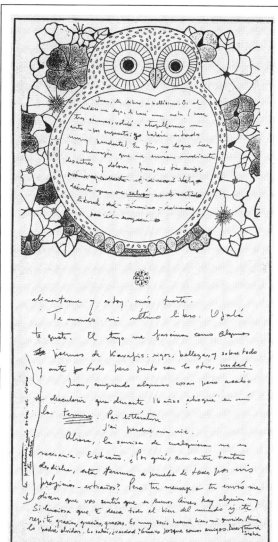

Ultimas cartas
a J. Liscano, 1972.
Abajo, la censura del
destinatario.

P. S. del 26 de diciembre

Lamentable retraso, querido Juan. No supe del tiempo pues mi madre cayó en una fuerte crisis de melancolía depresiva y ahí estaba yo tratando de no dejar que venciera la inclinación de los especialistas en esos asuntos tan delicados, por prolongarlos indefinidamente. Por cierto que un médico en estas cosas debería ser además un santón pero más cierto es la dificultad de encontrarlo.

3. Esta es una referencia a *Poesía* = *Poesía*, que dirigía Juarroz.

VII

BUENOS AIRES, 31/VIII/67

Confío en la normalidad postal del arribo de mi entrevista con Juarroz. Por otro lado, no la he releído, acaso porque temo haber reflejado muy fielmente un cierto espíritu dogmático del que me siento ajena. Pero, como las otras veces, he preferido no cambiar en nada ninguna de las respuestas.

VIII

Nota de la R.: Esta carta no tiene fecha pero es de enero de 1972.

... yo no puedo escribirte largamente ahora, sólo decirte que hace un mes salí del hospital en el que estuve 5 meses... necesito publicar más a menudo en Venezuela, mi pobre madre malversó el dinero que dejó papá y yo ahora, recién salida del hospital, no veo más que deudas y estrecheces, cosa nueva para mí en buenos aires. En suma quiero hacer notas de libros en la REVISTA NAC. DE CULTURA, en IMAGEN y (pero esto es delicado) colaborar más en ZF...

Como ves, en bs. as. hay muchos que me admiran pero que no aceptan que una poeta "TAN PURA" tenga necesidades. Oh que se vayan a la mierda.

Si este maldito país "mío" sigue así te pediré me consigas un trabajo en Venezuela... me iré a venezuela, me haré venezolana y no volveré aquí "hasta que caiga piedra sobre piedra".

IX
12 DE FEBRERO DE 1972

Juan, tu libro es bellísimo. Si el médico me deja, le haré una nota (hace tres semanas volvió a atropellarme un auto —por supuesto: yo había estado muy prudente). En fin, no logro leer los mensajes que me envían mediante desastres y dolores.

....

....

Juan, emprendo algunas cosas pero acabo de descubrir que durante 16 años ahogué en mí la *ternura*.

Par littérature

j' ai perdu ma vie.[4]

Ahora, la sonrisa de cualquiera me es necesaria. Extraño.

¿Por qué, aun entre tanta desdicha, esta ternura a prueba de todos por mis prójimos extraños...

Besos y ternura

Sasha

4. Aquí parafrasea Alejandra a Rimbaud:

"Par délicatesse

j' ai perdu ma vie"

(Por delicadeza / he perdido la vida).

X
BUENOS AIRES, 20/II/72

....

....

... Estoy mejor pero sigo con fiebre. No es feo pero te ruego perdonarme algunos delirios inextricables que se me deslicen (o no).

Como tengo poco tiempo voy a las **colaboraciones:** encantada de colaborar en tu sección bibliográfica (una carilla y media y diez a quince dólares). Aunque algo tarde ¿que tal si comentamos el número que SUR dedicó a la MUJER y las cartas entre William Bourroughs y Alan Ginsburg? (sic) Claro que hay mucho más. Quiero estudiar los triciclos de Remedios Varo y otras cosas, pues ando algo mal de tanto yacer en el hospitalete (me hacían besar la cruz; esa imposición me daba rabia; ergo la chupaba y la lamía (curioso: a pocos paso de la muerte la muerte es viva, vívida y vibrante y todos los Paul Claudel y Henri Troyat (para citar a 2 gordos) parecen un chiste).

Te mando textos "poéticos inéditos" serios, graves y luminosos para la **Revista de Cultura,** de la que quisiera ser colaboradora asidua.

....

....

P. S. Adjunto mis dos últimos libros en sobre aparte en tanto aquí me apresuro vanidosamente en hacer entrar una foto. (Alguna vez te contaré por qué lo de las fotos: es tierno y conmovedor —comme toi).

Buenos Aires, 20/IV/1972
Aprecio mucho a Gervasi[5] de cuyo libro jamás acusé recibo por... porque a veces "la cantidad de fragmentos me desgarra" y el esfuerzo religioso por encontrarme con Gervasi en su obra me hizo olvidar de echar por correo la cartita que le escribí....

5. El muy prestigioso poeta Vicente Gerbasi —y no Gervasi, como escribe Alejandra— del grupo de Liscano.

XI
SIN FECHA
Mi querido Juan:
¿recibiste mis 2 cartas con besos de ternura familiar, con re-conocimiento, con poemas?
....
Recibiste mis dos libros y mi foto?

CARTAS A
MARCELO PICHON RIVIERE

Marcelo Pichon Rivière (Buenos Aires, 1944) publicó a los dieciocho años su primer libro *En el perdón, en el poema*, al que seguiría, en 1966, *Los ladrones de agua*. Poeta y periodista, actualmente editor del Suplemento de Cultura y Nación del diario *Clarín*, Marcelo Pichon Rivière no ha dejado nunca de visitar la poesía —a pesar de los azarosos avatares del periodismo— ni la novela, y ha sido también el editor de la obra de Adolfo Bioy Casares, de quien ha publicado obras escogidas con el título *La invención y la trama* en 1988, y sobre el cual prepara actualmente una biografía. Al mismo tiempo, publicará a fin de año un libro de poemas, *Noche de leves manos*.

No es extraño que la familiaridad con la obra de Adolfo Bioy Casares —sobre el cual ha sido invitado frecuentemente a disertar en centros internacionales, como la Universidad Complutense de Madrid y el Instituo Cervantes de Nueva York— haya sido precedida, en Marcelo Pichon Rivière, por la fascinación por la poética y la persona de Alejandra Pizarnik, ya que existen ciertas coordenadas comunes, tocantes sobre todo al uso irónico del lenguaje y a la apertura al azar objetivo, que reúnen a estos escritores, de signos, en otros sentidos, muy diferentes.

Marcelo Pichon Rivière y Alejandra Pizarnik se conocieron —veinticuatro años ella, dieciséis él— en el Old Navy, un café de Saint Germain des Prés, cerca de la iglesia del mismo nombre, cuando Marcelo realizaba un viaje organizado por la Alliance Française. La complicidad que los reuniría no dejó de fluir —entre otros testimonios, aun cuando al parecer irrecuperable, hubo un artículo que escribieron juntos sobre los autómatas en la literatura. El padre de Marcelo, Enrique Pichon Rivière, conocido psicoanalista, experto en los misterios de Lautréamont, reanudaría con Alejandra la terapia inciada con Leon Ostrov. Las cartas que siguen, que se cuentan entre las últimas que escribió Alejandra, atestiguan su interés por la obra de Marcelo Pichon Rivière y su necesidad de contacto a través de signos concretos —libros, fotos, encuentros— con aquellos pocos vivientes "en esta puta ciudad" con los cuales aún esperaba poder comunicarse.

I
30/IX/69

Cercano Marcelito: extraño nuestros encuentros y me parece una herejía que haya tenido que leer tu libro[1] de prestado. Es perfecto y mejor que vos y no lo compro porque quiero el ejemplar dedicado "A mi amiguita, etc".

Dame poemas para Palma de Mallorca. Funciona allí la mejor revista.

Otra cosa: Olga dice que Juanita Lu(s)merman "merma la luz". Yo, que me suicidaré si alguien me compara con Juanita, observo que mi beca merma. Tengo amigos de Larralde y de d'Urbano pero te prefiero a vos, joven de cara romántica alemana. O sea: quiero un laburo de 5 o 6 hs., bien pagado, y de ser posible, alejado del periodismo en sí (salvo corrección de estilo, de pruebas y —ésta es mi mayor experiencia— poner en dos hojas lo que al voludo que lo redactó le llevó 20. También <u>Archivos</u>, etc.)

No tomes a la ligera este pedido porque descubrí con melancolía que estoy obligada a laburar. Y puesto que nací en Abril...

Espero noticias y TU LIBRO. Tengo tantos textos

para mostrarte que debemos vernos varias veces. ¿Estás bien? Así te lo desea

tu más y muy
Alejandra

PS
Pronto te llamaré. Unos jóvenes coléricos de Barcelona me publicaron, sin decirme, un librejo regularcete.

1. Se trata de *Sombra del tigre,* que apareció en 1969, en Ediciones del Mediodía.

II

Querida Marcelito:
aquí van, de nuevo, los libritos. Cuando los leas sabrás por qué merecés este envío doble. ¿Quién, más que vos y dos o —con suerte— tres más pueden, en este país, leer estos libritos en connaisance de cause? Si luego no te gusta la configuración poética de ellos, ya pertenece a otro dominio. Que te plazcan o no, quisiera que los leyeses.

Hoy te llamé en vano a las 14 hs. Te vuelvo a llamar el sáb. prochain. Qué de cosas por aclarar juntos! En fin, si te interesan mis preguntas y planteos, cosa que sí creo, y esto sí: dame poemas o prosa (s) para Son Armadans, de P. de Mallorca, la bellísima revista. Si los publican te regalan luego 50 separatas muy hermosas.

Y otros poemas para una rev. de Venezuela.
Espero verte pronto, querido Marcelito.
Te besa tu
Alejandra

B. Aires, agosto de 1971

PS

La foto de las muñequitas (mi preferida) salió muy bien en una rev. venezolana. (No dejes de rescatar la foto inusable)

III
7/II/72

Marcelo, mi querido y candoroso camarada de ruta al infierno:

He leído tu nota sobre mi librejo². ¿Qué decirte? Es tan delicado, tan grave. Te digo gracias, gracias, gracias (por muchas cosas —la 1era.: ese saber de lo que estás hablando, un saber que a vos y a mí no nos sorprende, pero ¡puta madre que los parió! ¿Por qué no nos regalan la casa de R. Rojas para enseñar el mejor modo con que los chicos de nuestros L. Carroll visiten (que la violen, que la clitorideen solamente en honor a Heráclilito [sic], que la hagan chupar lo salado con dulce de leche La Martona) visiten, digo, a Emily, tan cercana, hélas.

Bueno, mon chéri, aquí va una plaquette que Victor Brauner no diagramaría. Será unos poemúnculos míos que accedí a que los sacaran, no sé por qué. Pero los releí y hay varios buenos, en especial el último (el dedicado a Martha) que quiero con mil vidas que lo leas. Y ahora, mon petit "André", si comentás (chiquita la nota) la plaquette no olvides la bellísma foto (tengo mejores), pues tu nota fue acompañada de: Pero qué feúcha es! (Vos sabés que nada me interesa aparecer fea. Sin embargo, preferiría aparecer bella y que mil púberes se pajeen ante mi cara (eso quiero; no, no es todo). En fin, hay alguien que me llevará a la quinta del Ñato. Lo adoro. Quiero que me vea linda. (Esto que te digo ya lo pedía Safo).

Espero tu libro orgasmáticamente. No te dejes ir el otro lado del mundo. Volvé, dame el libro y proyectemos cosas belias, como una poronga raliada en la lluvia, cerca de las liamas que jadean porque se meten Hamlet con el cacho de piza de (ilegible) mientras las miro.

1) Dibujar estamentos en forma de pie equino.

2) Cagar (palabra tachada) a rayas

Pero lo esencial: hoy que polucionan a cuadritos.

(No deliro. Estoy desesperada. Y a la vez qué hermoso que seas vos, Marcelito, un viviente de esta puta ciudad.

Quiero referencias.

" dibujar

" lo que quieras traerme.

(No te rías de <u>Arbol de Fuego</u>[3]. Es provinciana pero ¡46 <u>nos,</u>! R. G. Aguirre, Cortázar, etc. publicaron. Si vos querés, en 1 mes te hacen una plaquette.) <u>NO OLVIDES LA FOTO</u>. Me haría daño verme de nuevo con cara de ejecutiva "goi", 1/2 pelo, despreciativa y demás.

Leí tu nota y lloré. Se la mandé a O. Paz. España espera tus poemas.

Besos tiernos de tu amiga perfectamente desesperada y llena de chistes

Sasha

2. Se trata de una nota aparecida en *Panorama* sobre *El infierno musical*.

3. *Arbol de fuego* era una revista venezolana en la que Alejandra había publicado, en 1971, varios poemas bajo el título de *Los pequeños cantos*.

CARTAS A
SILVINA OCAMPO

El humor, la poesía, el sentido de lo tenebroso y absurdo que se esconde bajo las apariencias más inocentes, la devoción a la literatura y a la vida fantástica, fueron los cauces que hicieron inevitable la relación de Alejandra Pizarnik y Silvina Ocampo, poeta y narradora de excepcional calidad y prestigio, merecedora del Premio Municipal y del Premio Nacional, recordada por *Aubiografía de Irene* (1948), *Los nombres* (1953), y *La furia* (1960). De la admiración de Alejandra por Silvina da cuenta su reseña acerca de *El pecado mortal,* una antología de relatos reunidos por Pepe Bianco (Eudeba, 1966):

> *"La reserva delicada y el don de la alusión son rasgos de una escritura 'simple' y estricta que no logra disimular su perfección. Aquí es 'todo más claro', y a la vez, todo más peligroso. El peligro consiste en que los textos dicen incesantemente algo más, otra cosa, que no dicen. También el mundo trivial permanece reconocible, aunque extraño y transfigurado; de súbito se abre y es otro, o revela lo otro, pero el pasaje de la frontera es enteramente imperceptible.*

"Pero para sugerir con más propiedad ciertos gestos y ciertas mudanzas, habría que remitirse, en este caso, a las danzas japonesas, a su tenue geografía corporal. Entretanto, vale la pena recordar a Sterne: Hay miradas de una sutileza tan compleja..."

La vida de Silvina, en muchos sentidos a contrapelo del mundo que la rodeaba, pero al mismo tiempo prestigiada por la presencia y admiración de Jorge Luis Borges y de Adolfo Bioy Casares, su marido, con quienes emprendió varias aventuras literarias, tales como sus Antologías de la *Poesía argentina y de la literatura fantástica,* no podía dejar de deslumbrar a Alejandra —que reverenciaba asimismo, a su manera, el lujo y la amplitud de la vida de Silvina, como signos de una capacidad superior de libertad.

La diversidad de papeles, motivos y colores, lo minúsculo de las misivas, la extravagante disposición de los sobres que incluyen mensajes al cartero muestran, de parte de Alejandra, una acendrada actitud de mantener lo lúdico como eje central de la relación, donde el erotismo y la infancia van jugando alternativamente sus espejos.

De todas las cartas de este epistolario, éstas son las únicas donde la amistad rápidamente asciende a pasión y se enciende en ella.

Particularmente curiosa, sin embargo, es la carta que acompaña el envío del artículo sobre Nadja, de Breton, donde prolijamente Alejandra reinserta los nombres de los autores que no han sido citados en el texto original. ¿Prudencia o escrúpulo? También es llamativa la insistencia casi imperativa —y algo maternal— con que Alejandra, a lo largo de la correspondencia, reclama de Silvina —una escritora mayor en edad y más establecida que ella, en cierta forma— que no deje de escribir cuentos y poesías.

Las desgarradoras cartas finales marcan quizá la iniciación de un silencio o una despedida. El recuerdo punzante de la amistad con Julio Cortázar, la llamada de auxilio, la mención a la confianza mística que Alejandra deposita en Silvina y el presentimiento de su muerte —que llegará antes de los ochos meses de escrita la última carta— son señales de un tremendo tumulto interior por parte de quien se llama a sí misma "la supliciada" y no deja de advertir: "nunca encontrarás a nadie como a mí" y "no hagas que me tenga que morir ya". Palabras que son más que palabras y súplicas que se enlazan con su antiguo texto, un texto acaso profético:

"Me voy a morir, dijo, me voy a morir.
Al alba venid, buen amigo, al alba venid.
Nos hemos reconocido, nos hemos desaparecido, amigo el que yo más quería.
Yo, asistiendo a mi nacimiento. Yo, a mi muerte.
Y yo caminaría por todos los desiertos de este mundo y aun muerta te seguiría buscando, a ti, que fuiste el lugar del amor."

(O.C., p.142)

I

Tarjeta con una reproducción de Robert Vickrey: The Labyrinth, *tempera, 1951 - Whitney Museum of American Art.* El cuadro representa a una monja de espaldas, con una vela en la mano, reflejándose en la pared de madera de un laberinto.

Querida Silvina, aún no llegó su carta. No llegó porque yo la esperaba. Es la vieja historia.

Hablé con Murena. Se siente mal, está con un principio de surmenage y no fue y no irá a <u>Sur</u> no sé hasta cuándo. Por favor ¿querría Ud. misma darle su relato a Vera Macarow? O, si prefiere, me lo da a mí y yo se lo llevo. O, si desea, esperamos a que Murena se restablezca. Por mi parte prefiero la primera posibilidad o la segunda, así será más rápido.

Espero que esté escribiendo el relato publicable en Francia.

Hasta pronto, querida Silvina.

Suya,
Alejandra

II

Dorso de sobre con remitente en el sobre rosado, lacrado, con sello de 6 de diciembre de 1969:

Leaelidiota. montevideo 980.7.C, capital

Quien siente mucho, se jode y no encuentra palabras y entonces no habla y es ésa su condena. Me apresuro a emitir mil gracias por las flores que recibí gracias a vos el sábado 29/ 11/ 69 a las 7 u 8 del crepúsculo, son tuyos o no los dibujos o incisiones o mascarillas...

Un abrazo breve para
que admires qué
pronto conseguí un
gravador de papeles
como el tuyo,
A.

PS

También es inesencial si las incisiones que representan rostros en los pétalos aluden en mi rostro o al de Pompidou (me salió un chiste malo: La Pompidour ¿no seré yo, carajos?).

En tinta naranja, al reverso

Adjunto Redon y la preciosa niña que pone en erección las orejas y los codos. Borrá, tachá o rompé las leyendas idiotas, s.t.p. No te diré jamás el nombre del que hizo la niña del culo airoso. O quizás...

Acompaña en hoja aparte una reproducción de una litografía de Odilon Redon, Sur la Coupe *(Dans le Rêve, 1879). A la izquierda, en tinta azul:*

Silvina: c'est mon préféré[1].

Hay otra reproducción sobre la cual ha escrito Alejandra:

O. Redon:" <u>Monoplano dotado de un ojo plástico y representando la concha de tu hermana</u>" (los críticos me acusaron de refinado hasta la "decadencia")

Hay otra reproducción sin autor ni título que representa a una muchacha desnuda internándose en un bosque y dejando atrás una enorme oreja. Alejandra ha escrito transversalmente en tinta azul al borde del dibujo:

Concha Unamona: "Del culo trágico de la vida" seguido de "¡Adentro!"

Acompaña también una figurita que representa a una niña con cesta llena de flores —en la falda ha escrito Alejandra:

Gracias por las flores.

1. "Silvina: es mi preferido".

III

Tarjeta minúscula con tres niñas-ángeles en la nieve —la más pequeña avanza con un farol

Señores de ahí arriba: para Silvina exigimos todas las alegrías suaves e intensas, y que escriba muchísimo; y que sea como es si bien la aceptamos de todos modos si llegara a cambiar.

Otrosí: deseamos para ella todo el bien
Alejandra

IV

Sobre minúsculo con misiva también minúscula en papel de seda con una banda roja en el borde superior

Ere du cure-dents[2]

"No habrá ninguna igual" dijo mirando a Sylvette.
Pero si Sylvette no se pone a escribir como Balzac, su amiguita Sacha tomará severas medidas. Entretanto le sonríe
porque después de todo, ¿qué? Después de todo ¿qué?

2. Era del palillo.

V

*Dedicatoria de una separata titulada "Relectura de Nadja" de André
Breton —Por Alejandra Pizarnik. (Testigo, n° 5, Buenos Aires, enero-
marzo de 1970). La caligrafía es ornamental, en tinta verde con flores y trazos exagerados.*

Para Silvina un articulito demasiado intimidado por
el amor al poeta (lo escribí para la NRF "en ocasión" de
la desaparición *(palabra encuadrada en fucsia)* de André
Breton *(la "A" de André es muy alta y dibujada en fucsia y
verde),* un señor desconocido, por cierto).

No lo leas: te aburrirás porque <u>es</u> aburrido. <u>Tu</u> muy
Alejandra Alejandra Alejandra.

Al margen, transversalmente:
(no lo dedico también a Adolfito para que se sienta
libre de no leer esto que no [tachado por Alejandra]).

*En el texto del artículo, Alejandra ha añadido en forma manuscrita,
en tinta verde, referencias que no aparecen en el texto impreso:*

P. 13, cita: *La conmovedora expresión de noche de verano
prometida...*

Añadido por Alejandra en el margen superior:
1- d' Arnim: prefacio de Breton a <u>Contes Bizarres</u>
Idem, cita: *(..tú no tendrás en esta vida otros placeres que aquellos que se prometen los niños mediante la idea de grutas encantadas y fuentes profundas).*

Añadido por Alejandra en el margen inferior:
2- Palabras de Günderode (Carta de Bettina van Brentano)

Idem, cita: *Mi propia aparecida condenada a mi forma en este mundo (...) Y yo salí de mí siendo yo y siendo ajena lo mismo que las sombras.*

Añadido por Alejandra en el margen inferior:
3 y 4- Versos de Olga Orozco.

P. 16, cita: *"Sueña en ella; no busques más respuesta"*

Añadido por Alejandra en el margen inferior, en tinta violeta:
Hölderlin

P. 18, al pie del artículo, en tinta verde:
escrito en 1966

VI

Tarjeta con dos tréboles, uno violeta y otro celeste, sobre fondo rectangular verde enmarcado en celeste.
Silvina:
hoy me pregunté:
¿cómo sería el mundo si Silvina no hubiese nacido?
Gracias

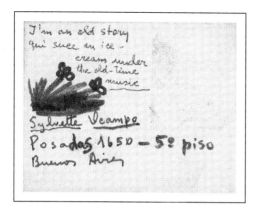

Los sobres-miniatura de
Alejandra en sus cartas
a Silvina Ocampo

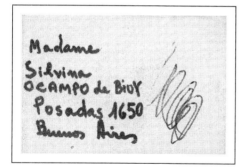

"la pequeña viajera moría
explicando su muerte".

Tuya
Alejandra

Escrito transversalmente en el borde izquierdo:
Silvina Silvina Silvina Silvina

VII
JUEVES 26, A LAS 5 DE LA TARDE
Silvina, Sylvie, Sylvette, te llamé y nadie contestó.
Por eso te escribo. Es algo muy simple ("c'est aussi simple comme une phrase musicale"[3]) y que puede formular-
se más o menos así: la habitación se balancea y oscila como un barco. Cuando te llegue esta cartita ya no se mo-
verá más mi cuarto, gracias a vos y un poco gracias a mí,
porque te escribo en vez de quedarme "inmoble" (lo descubrí ayer). En suma, quisiera, al final de todo, poder decir como el Poeta:
"on n'a pas été des lâches
on a fait ce qu'on a pu".[4]
Por otra parte, mi cuarto es poco alentador. Ayer, decidida a reparar los daños que me causó la tormenta —la
traidora! con lo que me gusta!— arrojé <u>todo</u> o sea libros,
discos y cahiers al suelo a fin de ordenar ese conjunto de
un modo más inteligente. Como no me animo a regalar-
te discos (salvo del estilo del de Salónica) me apresuro a
contarte que <u>ya</u> se consiguen las piezas para clave de
COUPERIN. La clabicembalista (!) se llama <u>ETA HA-
RICH SCHNEIDER</u>. Título general: "Música para clave
de Couperin"
Ignoro cómo le caerá a la edipita Edith el nombre
ETA. Además Couperin se asocia con <u>couper</u>[5] y Schneider
si bien significa sastre, alude también al verbo <u>cortar</u>.

Moraleja: no darle a Edith una tijera de sastre pues no va-cilará en cortar el disco en dos partes: le derrière et le de-vant[6]. Le derrière es algo que no se toca sin ser un instru-mento. Le devant es algo que se que se que se (se acabó la cinta, oh mi complejo de Persefone, oh mis ganas de Amaltea, etc.).

Ahora me siento mejor, Sylvette (no habrá ninguna igual) y te bendigo desde el fondo de los fondos de mi casa y de mi raza (de la que me siento desunida, sin embargo los oigo allá lejos cantarme sus ensalmos). Dije ensalmos y el barco se detuvo. Silvina chérie, escribí mucho: si no lo ha-cés vos ¿quién lo hará, entonces? Te lo reitero, lo sé; volve-ré a decirlo, ahora y siempre. (Algún día me contarás un cuento con caballos de calesita? "Yo he sufrido tanto.

¿Me lo contarás algún día?" Gracias (estoy muy bien) y un abrazo matemático de

A.

P.S.

Matemático porque releí el bellísimo "Les nombres d'or".

P.S. (b)

este jardincito se formó mientras te escribía, S. tan es-to y aquello, tan Sylvette y además tan de salir de sí por eso Sylvette "cuaja" (sic mis amigos de España) a las maravillas.

Jardín de Sylvette a la hora de las maravillas

La tarjeta muestra un campo en fondo rojo con flores rosas y naranjas.

3. "Es tan simple como una frase musical".

4. "No hemos sido cobardes

Hemos hecho todo lo que pudimos."

5. "Cortar".

6. "El trasero y el frente".

VII

SIN FECHA

Silvina querida, te dejo los fósforos a ver si escribís otro cuento (por favor) con y acerca de y cerca del fuego. ("vivir ardendo / e non sentir il male" dice —y perdón por las faltas— la adorable Gaspara Stampa). Y luego: "Que no haya más finito ni infinito. Que solamente el amor vuelto fuego perdure."

Tuya

A.

IX

Sobre minúsculo que dice en el ángulo izquierdo en tinta verde:

I'm an old story
qui suce an ice-cream under
the old-time <u>music</u>[7].
Sylvette Ocampo
Posadas 1650 - 5° piso
Buenos Aires

Al dorso se lee el remitente: Sachenka - Montevideo 980. 7° C

Yes, the sea is blue, so blue
the sea is blue
Du hast kein Herz, Pedro und ich liebe dich so[8].
(Para Pierre y Para Elisa).

Transversalmente a la izquierda

"And the green <u>moon</u>"[9] Valéry. *A la derecha:* Je suis l'inconsolée...[10]

Adentro, en una pequeña hoja anaranjada

FAZ 1

Toscana - Toscana 1869

que te sirva de lección / y que seas como sos / o como quieras / stop / pues se te quiere / se te quiere / se te quiereeeeeeeeemem kand ti siz de pilil asis a puál opré di puale. Gare oz anges, ma amie. Ne ríz pa tant de glas de crém ris car tut le mond en parle. Suá eríz, ma biche; suá gé, mon p'tit.

P.D. Gare ó puals que ti trouv dan la súp. Ne dans pas en les avalant[11].

Quiero ir a las islas Sandwich!

PRIMOR 2 Riga Riga 1866 <u>pas de 69</u>

Je suis la Mère Lachaize

<u>Lâchez-tout</u>

et laissons que le monde se réduise à un seul bois noir pour nos yeux étonnés[12]

(Bravo!)

---

7. "Soy una vieja historia

   chupando un helado

   bajo la vieja música"

8. "Sí, el mar es azul, tan azul

   el mar es azul.

   No tienes corazón, y te amo tanto, Pedro."

9. "Y la verde <u>luna</u>".

10. "Soy la desconsolada".

11. Las frases escritas en francés remedan una escritura fonética a veces difícil de descifrar.

"Aun cuando chupes píldoras desnuda, sentada cerca del fuego. Cuídate de los ángeles, amiga mía. No te rías tanto del helado de crema rusa porque todo el mundo lo comenta. Sé feliz, mi cervatilla; sé alegre, mi niño."

P.D. "Cuidado con los pelos que encuentres en la sopa. No bailes mientras los tragas."

12. "Soy la Madre Lachaise (Alejandra se refiere aquí al cementerio de París llamado Père Lachaise)

Suelten todo

y dejen que el mundo se reduzca a una sola madera negra para nuestros ojos asombrados."

X
Sin fecha

Sobre minúsculo que dice en el ángulo derecho:
El proceso
en tinta verde —y luego, abajo:
Sra. Doña Silvina Ocampo de Bioy - Posadas 1650/
5° - Capital.

En el dorso, con tinta verde, dice como remitente:
"VILLA LOS NUEVOS NUEVE CANARIOS" - TORTUGUITAS - Aquiles esq. Zenón (frente a Chuang Tzu) - San Agripa de Areco.

Transversalmente a cada lado del sobre, en tinta roja, se lee a la izquierda:
CARTERO: lea EL Castillo *y del lado derecho:* Cada cual tiene el Kafka que merece.

XI
Sin fecha

Sobre minúsculo de color rosado, dirigido a
Madame Silvina OCAMPO de Bioy - Posadas 1650
- Buenos Aires *y atrás en el remitente:*
Alejandra Pizarnik, Montevideo 980, Cap. Federal -

todo en tinta roja. Abajo del remitente en tinta azul:
ETANG BLEU — La Table Ronde

y más abajo en tinta verde:
LA FORET DES DRAGONS

y a la izquierda transversalmente:
Tombeau de Merlin[13]

y a la derecha:
VIVIANE LA FEE.

Del lado interior del sobre se lee:
"merda! soy lúcido! F. Pessoa

Minúscula hojita roja, escrita en tinta negra:
Sylvette: decí que sí, decí sí, a ber ¿qué vas a ser cuando seas grande? Yo seré todo menos partera o portera porque odio el Partenon. Cantemos en coro: que se muera la (tachadura) cultura para que biba la POESIA.

13. Tumba de Merlín.

XII
SIN FECHA

Querida Silvina, le ciel est si bleu, si tendre[14], muy parecido a tu sonrisa. Pero ayer a las 20 horas no fue así pues no sé por qué, sobre el celestegrisrosa del crepúsculo vino una nube enorme, enorme, y también negra, y también erizada, como hecha de la materia de un gato electrizado, quiero decir de la piel de ese gato que por otra parte nunca vi sino dibujado en una historieta.

Me siento muy orgullosa y con un poquito de miedo —a causa de la responsabilidad que implica— escribiendo con tu lapicera. Tengo que acostumbrarme a ella pues exige una impetuosidad y una generosidad y una entrega propias en mí de un instante privilegiado y en vos de tu estado natural de ser y de estar. (Se entiende algo o es cierto que el sol me inmovilizó el pensamiento?). Quiero decir que no será extraño si ella cambia de forma —y sobre todo el sentido— de mis poemas venideros. (Cuando yo tenía 6 años me pasaba la vida escribiéndoles a los Reyes Magos —no sólo en su día sino en cualquier otro— pidiéndoles una lapicera que supiese sumar, restar y dividir sola; ella dirigiría mi mano derecha mientras la izquierda, debajo del pupitre, da vuelta las páginas del libro de cuentos que leo mientras la lapicera se las arregla mágicamente para hacer de mí el genio de las matemáticas. Esto es idiota pero no hago más que recordarlo desde el lunes).

Encontré un librito de Old Montaigne que por momentos es muy delicioso: "Sur le plus beau trône du monde on n'est jamais assis que sur son cul"[15].

¿Te dejé muy triste el otro día? Espero que no. Confío en que no. Aun así, y aunque maldita la gracia que me hace tender mi tristeza sobre la mesa como un mapa, aun así es una Gran Prueba de Amistad de mi parte esto de no sonreír todo el tiempo y de no decir chistes todo el tiempo, que es lo que hago con 99 de cada 100 personas que conozco. Quiero decir que revelar la tristeza es algo así como la máxima confesión (al menos, en mi caso). Pero me horroriza pensar que pude comunicártela. Ojalá que el peregrino la haya disipado si es que no la dejé al irme.

Minúsculo dibujito de una niña arrastrada por —o arrastrando— un cometa-flor

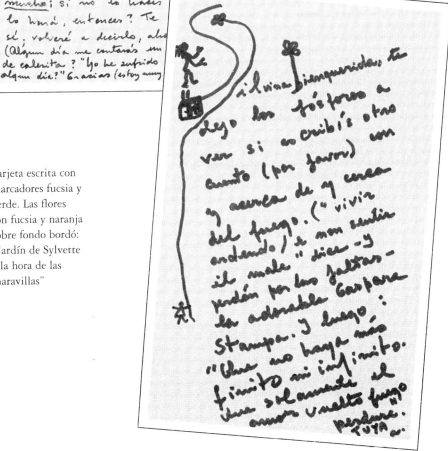

- 3 -

si bien significa sastre, alude también al verbo contar. Moraleja: no darle a Edith una tijera de sastre pues no vacilará en cortar el disco en dos partes: le derrière et le devant. Le derrière es algo que se toca sin ser un instrumento. Le devant es algo que se que se que se (se acabó la cinta, oh mi complejo de Perséfone, oh mis ganas de Amaltea, etc).

Ahora me siento mejor, Sylvette (no habrá ninguna igual) y te bendigo desde el fondo de los fondos de mi casa y de mi raza (de la que me siento desunida, sin embargo los oigo allá lejos cantarme ensalmos). Dije ensalmos y el barco se detuvo. Silvina ... única, escribí mucho; si no lo hacés ... lo hará, entonces? Te ... sí, volveré a decirlo, ... (Algún día me contarás ... de calesita? "Yo he sufrido ... algún día?" Gracias (estoy muy ...

Carta a Silvina Ocampo en papel verde claro con escritura y dibujos en turquesa y bordó: "Vivir ardendo/ e no sentir el male"

Tarjeta escrita con marcadores fucsia y verde. Las flores son fucsia y naranja sobre fondo bordó: "Jardín de Sylvette a la hora de las maravillas"

Estuve pensando mucho en lo que dijiste sobre la continuidad del poema, aquello de que un verso llama a otro.

Creo que te va a encantar como a mí la dama que está a la izquierda, en el primer plano, vestida de azul, dueña de una lujosa cola blanca, parecida —si j'ose dire[16]— a la de un caballo. Aunque temerosa de exagerar, me he atrevido a pensar que también sus finas y blancas piernas tienen un no sé qué de equino. (En las noches de invierno ella galopa con sus piececitos vestidos de azul y danza, danza de alegría, de miedo, danza para alegrar su pequeño corazón, su corazón de madera, su corazón de buena suerte).

Minúsculo dibujo de una niña llevando una flor

Por primera vez, después de muchos meses, leí un diario. Al dejarlo he sentido deseos de ir a Uganda. Habría que traer a la Mère Ubu y al Père Ubu como reyes.

Vengo de un paseo de cuatro horas solitarias en bicicleta. Por eso la carta está girando ("elle tourne, elle tourne comme dans les rêves de la reine folle..."[17])

Je t' embrasse[18]

Alejandra

14. "El cielo es tan azul, tan tierno".

15. "En el trono más hermoso del mundo uno no se sienta sino sobre su culo".

16. "Si me atrevo a decir".

17. "Ella gira, gira como en los sueños de la reina loca..."

18. "Te beso".

XII
B. A., 3/IV/ 1970 - A Silvina

Chère musicienne du silence[19] *(palabras escritas en tinta verde),*

por favor, no digas: ¡Qué decadencia! Escribe con una lapicera a bolilla!" puesto que se trata de uno de los juegos fortuitos del azar. Sucede que el domingo pasado (se) escribí(ó) un diálogo entre marionetas. Mi preferida era —te será fácil imaginarlo— una marioneta notoriamente minúscula que a una pregunta acerca de su identidad dice ser "un enano a secas" llamado Zacarías Bienvenido Cipriano, autor de una pieza teatral llamada como él, es decir: Los pompones *(subrayado en verde)* (Prosigue mi texto con otros avatares no menos urgentes para la humanidad hasta que (se me)escribe/escribo esta frase:

El hada está mamada *(subrayado en verde)* —dijo un pompón (subrayado en fucsia).

¿Qué decirte si ya sonreíste y ya sentiste lo que sentí al sonreír y leer mi frasecita? Pero —¡oh manes de Coleridge! sonó el timbre y un amigo se abalanzó a los gritos de "soy feliz y te traje un regalo". El regalo era una caja con cositas que te encantarían si bien nada supera la gracia de esta deliciosa lapicerita cuyo extremo aparece abrigado ¡por un POMPON! Tiernísimo, azul, invernal, anhelante de nieve y..."ça chauffe le coeur"[20], dije a mi amigo y a vos.

Esta escena banal marcó el fin de una semana de: tengo que tirarme por la ventana *(subrayado en negro).* El mismo amigo recién venido de Parigi me entregó una cinta grabada "para vos por el amigo Julio (CORTAZAR)" *(subrayado en verde).* Ayer fui chez Olga —dueña del mismo enorme grabador que tiene Julio— y, a pesar del pompón, el asma no me dejaba, no me soltaba, no quería que yo respirase como, por ejemplo, mi "empleada", que, hoy lo supe, tiene este nombre: Emma Victoria Paz.

Empieza la cinta. A la 2a. frase me pongo los lentes oscuros. A la tercera me pongo a dibujar y a fingir que solo me importa ese muñequito (¿Zacarías?) huido de mi pluma. Es simple: Julio me habla como por teléfono: es tal hora, hago tal cosa, llegó tu libro "Nombres y Figuras" (ese opúsculo plateadito impreso en la Madre Patria que nos parió), lo miro, lo abro; ese título del primer poema es un blue de Bessie Smith ¿no lo escuchaste en mi casa?, a ver, voy a leerlo —y lo lee en voz viva, y lo comenta y lloré como 1339 perritos recién nacidos— ignoro si Olga se dio cuenta de que yo no cesaba de dibujar sin nada ver porque el llanto era como una lluvia adherida a la ventana. Qué simple y terrible, Sylvette, ese encuentro (*subrayado en verde*) entre Julio y yo en el espacio o herida de un librito solitario a nadie destinado. No dejes de verlo a Julio, su nº está en la guía, no dejes de decirle que por llorar gracias a él pude respirar como la reina de los respirantes, no dejes de decirle que el mero hecho de que él, Julio, exista en este mundo, es una razón para no tirarse por la ventana. Julio, vos, Adolfito, Octavio... Pienso que están aquí (así como Hölderlin, cuando una noche "me dijo": "Estás llorando porque el amor ha muerto (para vos, claro). Desde hoy amarás sombras. ¿Y qué?" Perdón: lo dijo con voces más hermosas.) y me digo: Ellos aseguran tu mundo vertiginoso e inclusive te ayudan a respirar como no lo puede hacer ningún medicamento (*espacio en blanco*). ¡Pero qué carta tan llena de cajas de yo-yo! Perdoname, Silvina, Silvina la mía, la que sos para mí, y qué imagen bella —pero lo sabés. (Si se te ocurre mostrarle a Julio esta carta, no me opongo, todo lo contrario; tampoco, ça va de soi[21], te sugiero que lo hagas). ¿Estás en París? Si podés —siempre que regreses en barco— comprar papel para cartas, tant mieux. Había lindo, recuerdo —en la <u>Papeterie Montparnasse</u>, junto al Café DOME. No digo que los compres para mí sino <u>para vos</u>, naturlich. Pensame tiernísima. Aceptame dos besos de la que te es esencialmente FIEL:

Sacha

19. "Querida música del silencio".

20. "Esto calienta al corazón".

21. "Por supuesto, se sobrentiende".

XIV
22/ SEPT/1971

Pegado en el margen superior, un pequeño recorte que dice:
Every letter is the center of a charming scene[22].

Qué bellos, qué irremediables, qué pujantes, qué dulcísimos, qué inapelables, qué infusos de temor y temblor, qué nacidos de un muy alto brío, qué exaltantes, qué perfectos, qué modo de ser inspirados e inspirantes, queridísima —oh, tanto!— Silvina, son tus poemas de la <u>Revista de Occidente!</u>

Tuya y emocionada, te besa TU
Alejandra

En el lugar del remitente del sobre:
Soyez réaliste,
demandez l' impossible[23]

22. "Toda carta es el centro de una escena encantadora".

23. "Sea realista,

   Pida lo imposible".

XIV

B. A. 31/1/72

Ma très chère[24],

tristísimo día en que te telefoneé para no escuchar sino voces espúreas, indignas, originarias de criaturas que los hacedores de golems hacían frente a los espejos (cf. von Arnim).

Pero vos, mi amor, no me desmemories. Vos sabés cuánto y sobre todo <u>sufro</u>. Acaso las dos sepamos que <u>te</u> estoy buscando. Sea como fuere, aquí hay un bosque musical para dos niñas fieles: S. y A.

Escribime, la muy querida. Necesito de la bella certidumbre de <u>tu estar aquí</u>, <u>ici-bas pourtant</u>[25]. Yo traduzco sin ganas, mi asma es impresionante (para festejarme descubrí que a Martha le molesta el ruido de mi respiración de enferma.) ¿Por qué, Silvina adorada, cualquier mierda respira bien y yo me quedo encerrada y soy Fedra y soy Ana Frank?

El sábado, en Bécquar, corrí en moto y choqué. Me duele todo (no me dolería si me tocaras —y esto no es una frase zalamera). Como no quise alarmar a los de la casa, nada dije. Me eché al sol. Me desmayé pero por suerte nadie lo supo. Me gusta contarte estas gansadas porque sólo vos me las escuchás. ¿Y tu libro? El mío acaba de salir. Formato precioso. Te lo envío a Posadas 1650, quien, por ser amante de Quintana, se lo transmitirá entre ascogencia y escogencia.

Te (les) envié aussi un cuaderniyo venezol-ano con un no sé qué de degutante[26] (como dicen Ellos). Pero que te editen en 15 días (...) Mais oui, je suis une chienne dans le bois, je suis avide de jouir (mais jusqu'au péril extrême)[27]. Oh Sylvette, si estuvieras. Claro es que te besaría una mano y lloraría, pero sos mi paraíso perdido. Vuelto a encontrar y perdido. Al carajo los greco-romanos. Yo adoro tu cara. Y tus piernas y, surtout (bis 10) tus manos que llevan a la casa del recuerdo-sueños, urdida en un más allá del pasado verdadero.

Silvine, mi vida (en el sentido literal) le escribí a Adolfito para que nuestra amistad no se duerma. Me atreví a rogarle que te bese (poco: 5 o 6 veces) de mi parte y creo que se dio cuenta de que te amo SIN FONDO. A él lo amo pero es distinto, vos sabés ¿no? Además lo admiro y es tan dulce y aristocrático y simple. Pero no es vos, mon cher amour. Te dejo: me muero de fiebre y tengo frío. Quisiera que estuvieras desnuda, a mi lado, leyendo tus poemas en voz viva. Sylvette mon amour, pronto te escribiré. Sylv., yo sé lo que es esta carta. Pero te tengo <u>confianza mística</u>. Además la muerte tan cercana a mí (tan lozana!) me oprime. (...) Sylvette, no es una calentura, es un re-conocimiento infinito de que sos maravillosa, genial y adorable. Haceme un lugarcito en vos, no te molestaré. Pero te quiero, oh no imaginás cómo me estremezco al recordar tus manos (que jamás volveré a tocar si no te complace puesto que ya lo ves que lo sexual es un "tercero" por añadidura. En fin, no sigo. Les mando los 2 librejos de poemúnculos meos —cosa seria. Te beso como yo sé i a la rusa (con variantes francesas y de Córcega).

O no te beso sino que te saludo, según tus gustos, como quieras.

<u>Me someto</u>. Siempre dije <u>no</u> para un día decir mejor <u>sí</u>.

(Ojo: esta carta tu peut t'en foutre et me répondre à propos des[28] hormigas culonas.

Sylvette, tu es la seule, l'unique. Mais ça il faut le dire:

Jamais tu ne rencontreras quelqu'un comme moi — Et tu le sais (tout)
(Et maintenant je pleure[29]. Silvina curame,
ayudame, no es posible ser tamaña supliciada —)
Silvina, curame, no hagas que tenga que morir ya.

Epígrafe de un texto de umor

"TOTAL ESTOY"
Tolstoy

P.S.

Besos a Martha. Cómo está? Ignoro por qué la evoco estos días. Decile que Historia del Arte es, chez nous, una carrera que conduce derechamente a la mierda. Lo averigué ad hoc - ad joch.

Silvette

24. "Mi muy querida".

25. "Aquí abajo, sin embargo".

26. "Desagradable".

27. "Pero sí, soy una perra en el bosque, ávida de gozar (pero hasta el peligro extremo)".

28. "Podés meterte esta carta en el culo y contestarme acerca de…"

29. "Sylvette, sos la sola, sos la única. Pero es necesario decirlo: nunca encontrarás a nadie como yo. Y eso lo sabés (todo).

Y ahora estoy llorando".

CARTA A
ADOLFO BIOY CASARES

Clásico con un agudo sentido de lo excéntrico, aristocrático con una peculiar inclinación por la sencillez, merecedor del Premio Cervantes entre otros muchos, Adolfo Bioy Casares, que escribió memorablemente *La invención de Morel* y *El sueño de los héroes* a lo largo de otras muchas narraciones —además de varios libros en coautoría con Jorge Luis Borges— no podía dejar de intrigar y fascinar a Alejandra, que muchas veces me habló de él y de Silvina con una admiración en la que el respeto se mezclaba con fantasías misteriosas.

De él se cuenta que visitándola en el Pirovano, cuando Alejandra estaba internada en la Guardia Psiquiátrica, se le preguntó si quería comer algo, y él se señaló simplemente como un paciente más, a quien correspondía la misma comida que los otros pacientes. De esta inefable mezcla de ternura y humor parece estar trenzada la singular relación Pizarnik-Bioy Casares, que se evidencia en la carta que sigue.

Membrete con sello, en tinta negra, que dice: Her Majesty's Prison
—Dartmoor - England— Sobre el ángulo derecho un sello rojo y negro
con recuadro dice: "Censored by Governor Rockpill"
31 DE DICIEMBRE A LAS 5, 30 DEL ALBA

I
Querido Adolfito, perdoname mi imperdonable silencio que continuó al regalo maravilloso que ustedes me enviaron, acompañado, como si fuera poco, de una cartita tierna, sonriente y a la vez muy fuerte (o que inspira fuerza).

II
En verdad, esperaba algunos cuadernos (*recuadrado*) de París a fin de dárselos a ustedes. Me temo que mi tío Armand ande alocado como las otras Pompidour parisinas. Lo digo porque mandó un solo Cahier le Bea, y poquísimas hojas (que no le pedí tan llenas de marcas de agua; ahora habrá que secar las hojas antes de escribir.)

III
Lila es el color de mis deseos. Aquí te dejo mi libretita dulcemente reconcentrada en un lila infantil y divor-

214

31 de
diciembre
a las 5.30 hs
del alba

I

Querido Adolfito, perdoname mi imperdonable silencio que ~~~~
continuó al regalo maravilloso que ustedes me enviaron;
acompañado, como si fuera poco, con una cartita tierna,
sonriente y a la vez muy fuerte (o que inspira fuerza).

II

En verdad, esperaba algunos _cuadernos_ de París a fin
de dárselos a ustedes. Me temo que mi tío Armand
anda alocado como las otras Pompidour parisinas. Lo digo porque mandé un (1)
solo Cahier le Beau
pequísimas hojas (que
le pedí tan llenas de
marcas de agua; ahora
habrá que secar las
hojas antes de escribir.

III

Censored by Governor Rockpill

IV

Lila es el color de mis deseos. Aquí te dejo mi ...

... un lila
— Nada
... irte con
... dulces,
... lila que
... ser

igual pero pequeña y te la cambio por otra libreta
anaranjadas (Freud nos ampare!).

Abrazos

Alejandra

P S
¿Cómo ves, comparto?
~~~~ con vos las hojas Jason Cuerimand del onda A. No
te ríes del membrete "Bruno Bredhal"! Soy yo
que las mandé emblocar (sí señor, así dicen los
mapeleros) porque no soporto una única hoja
vana... que la blancheur, etc. ¿Cómo
serían las hojas que usaba Mallarmé?
(Pienso en esos obscos-borrador "El Pibe" y
me río y lloro. Qué cosa la (poesía!)
① usaría? pienso que no es una cosa! y ...

ciado (!) de la Mort. Nada más precario que este regalito para decirte con hechos cuánto amo el tuyo. Pero es tan dulce, tan de galerías de ecos y de espejos ese lila que parece existir como los perros: para ser acariciado. ¿Y si el lila no te gusta? Decímelo por favor, y te la cambio por otra libreta igual pero pequeña y de hojas furiosamente anaranjadas (Freud nos ampare!).

Abrazos

Alejandra

P. S.

comparto las hojas <u>Japon Lenerimand</u> del oncle A. No te fíes del membrete "Bruno Bredhal". Soy yo que las mandé emblocar (sí señor, así dicen los papeleros) porque no soporto una única hoja vacía que la blancheur etc. ¿Cómo serían las hojas que usaba Mallarmé?[1] (Pienso en esos blocs-borrador "El Pibe" y me río y lloro. Qué cosa la poesía!). Y pensar que no es una cosa! Y como diría un personaje de mis horribles cuentos "de humor": "Que 1970 le depare".

1. ¿Usaría? (Nota de Alejandra.)

CARTAS A
IVONNE BORDELOIS

Como lo he relatado en el Prólogo, fue en París donde conocí a Alejandra Pizarnik, al comienzo de los años 60, en un pequeño y modesto restaurante en las cercanías del Luxemburgo. Como toda la gente realmente interesante, Alejandra podía ser enormemente seductora en ocasiones y en otras, enormemente rechazante. Aquella noche ocurrió lo último. Sin embargo, algo en mi corazón me dijo que detrás de esa adolescencia mal liquidada que se expandía en obscenidades y palabrotas, había algo así como un pájaro cautivo de extraordinaria belleza. El futuro no me desmintió. La de Alejandra Pizarnik ha sido y es una de las amistades más privilegiadas de mi vida, tanto del punto de vista personal como del poético. El recordarla es muchas veces recuperar ese punto de exigencia en el cual vida y poesía brillan como un absoluto insoportable, pero al partir del cual, al mismo tiempo —y sólo a partir del cual— todo es posible.

Pese a sus exigencias, triunfos y eventuales calamidades, mi carrera universitaria posterior, que me condujo a un Doctorado en Lingüística con Noam Chomsky y a una cátedra en Utrecht, Holanda, por cerca de quince años, no logró amortiguar el destello del impacto Pizarnik en mí. De la esquizofrenia entre ciencia y poesía resultante es claro testimonio un poema como "Canción del amor académico", en mi libro de poemas *El alegre apocalipsis* (GEL, 1995), que publiqué de vuelta en mi país, luego de treinta años de andanzas en "el exterior" —extraña palabra. Pese a la enorme admiración que siempre he profesado por Alejandra —admiración que me impidió por mucho tiempo publicar mi propia poesía— no encuentro coincidencias en nuestros estilos ni en nuestra experiencia poética, excepto, quizá, una sostenida y terrible esperanza acerca del lenguaje como única herramienta de salvación posible.

Me he permitido en este caso intercalar diez cartas mías a Alejandra, que pude recuperar por intermedio de Aurora Bernárdez, a quien agradezco su gentileza. Para ciertos momentos de nuestra relación, por lo tanto, el conjunto de nuestras cartas restituye algo de la totalidad de nuestro diálogo.

Puedo añadir un detalle mágico con respecto a nuestro primer encuentro. Lucía Bordelois, el puente necesario de este encuentro, se había encaminado a París para proseguir su perfeccionamiento musical con una de las más exigentes mentoras musicales de Europa. Su nombre, el mismo de la Condesa Sangrienta: Madame Bathory.

I

Queridísima gorda:

No me maldigas por lo del domingo[1]. Tenía unos vértigos tan horribles que llamé a C. G. y le pedí que te avisara de mi imposibilidad somática de estar de pie en la puerta del teatro a tu espera.

Trataré de pasar el viernes alrededor de las 13 hs. por tu guarida amparadora.

(Planear comida con M. J.)[2]

(Hacer lo de Pasternak)[3]

(Si querés y si te puede servir hablaremos de mi librito[4] para tu comentario. O sea: explicarte el por qué y el etc. aunque no creo que te haga falta.)

No sé si te dije lo bien que me sentí después de haber descargado sobre la pobrecita Ivonne mis obsesiones del otro día —las cuales cuyas obsesiones desaparecieron— y no sé si te lo agradecí. Le ciel sait[5] cómo pueden salvarte a veces dos ojos humanos que "escuchan" con profunda atención.

Veámonos y besos a ti y a Queta[6] de

Alejandrita

1. Una salida al teatro Odéon para ver una pieza donde actuaba Laurent Ter-zieff, uno de nuestros actores predilectos de la época, junto con Gérard Philippe.

2. Marie Jeanne Noirot, hoy fallecida, amiga de Alejandra, quien me la pre-sentó, trabajaba entonces en el grupo directivo de las Editions du Seuil. Se interesa-ba por los escritores latinoamericanos —entre sus proyectos, por ejemplo, se contaba la traducción y publicación la *Radiografía de la Pampa,* de Ezequiel Martínez Estra-da— iniciativa que lamentablemente no tuvo realización. Alejandra solía nombrarla como Marie Jeanne de Anges, a causa de su inagotable delicadeza y bondad.

3. Se trataba de un proyecto de traducción de textos poéticos de Pasternak.

4. Los manuscritos de *Arbol de Diana.*

5. El cielo sabe.

6. Enriqueta Ribé, una amiga común, lingüista e investigadora de literatu-ra de la Universidad de La Plata, becaria entonces que, como yo, residía en el Pa-bellón Argentino de la Cité Universitaire y solía frecuentar conmigo a Alejandra. Desde los tiempos del Proceso ha residido en Canadá, donde se incorporó a la Uni-versidad de Montreal, continuando allí sus tareas de investigación y enseñanza.

II

SIN FECHA

diario inédito (partes que te leí, chère gorda)[7].
24 de febrero - 1963
En mi caso las palabras son cosas y las cosas son pa-labras. Como no tengo cosas, mejor dicho, me es imposi-ble otorgarles realidad, las nombro y creo en su nombre (el nombre se vuelve real y la cosa nombrada se esfuma; es la fantasma del nombre). Ahora sé por qué sueño con es-cribir poemas-objetos. Es mi sed de realidad, mi sueño de una especie de **materialismo** dentro del sueño.

(te repito que en la época del libro no tenía concien-cia de esto).

22 de febrero -
Palabras. Es todo lo que me dieron. Mi herencia. Mi condena. Pedir que la revoquen. ¿Cómo pedirlo? Con palabras.

Las palabras son mi **ausencia** particular. Como la famosa "muerte propia" en mí hay una ausencia autónoma hecha de lenguaje. No comprendo el lenguaje y es lo único que tengo. Lo tengo, sí, pero no lo soy. Es como poseer una enfermedad o ser poseída por ella sin que se produzca ningún encuentro porque la enferma lucha por su lado —sola— con la enfermedad que hace lo mismo...

...Este silencio de las palabras es el horror, es el vértigo en el estado más puro.

8 de enero
Peligroso momento cuando el poeta deja de decir **yo** para señalar las cosas **exclusivamente**. Terrible transición: en La Lucarne Ovale Reverdy dice **yo*** y se queja, protesta, ironiza. Ahora habla de lámparas apagadas y de persianas cerradas. En verdad, decir **yo** es un acto de fe. Nada más desolador que un poema que señala las cosas en lo que tienen de mudas e inertes. La poesía se convierte entonces en un juego, en una búsqueda de palabras bellas que no signifiquen (y aquí pienso en Góngora). Cuando el poeta no se enuncia ni se erige para celebrar o maldecir aparece el silencio de la desesperación pura, de la espera sin desenlace. Y sin embargo es también canto, es voz, es decir en vez de no. Es aún una prueba de fe. La última.

....

Carta de C.C.[8]: "La vie se retire parfois comme une vague; et il faut résister à la mauvaise inspiration de collectioner les coquillages.

....cette fuite désesperée vers "ce que vous ne voulez pas dire" est une fuite à l' envers, comme ces fuites d' amour qui sont des chasses. En principe tout cela est l' absurde, car la poésie ni l' amour ne commencent qu' au moment où toute lutte est abandonnée. Mais cela n' arrive qu' à l' heure prescrite, comme le réveil à la fin d' un rêve."

Ma chère, me muero de sueño por lo tanto a ser breve y a dormirme luego[9]. Fui a Cuadernos: por el poema traducido me dieron 49 francos nuevos que honestamente compartiré con la pequeña Queta. Arciniegas quiere el Pasternak y ya me explicó cómo y de qué manera. No me parece mal el honorario que nos dieron por un solo poema. De Pasternak me pidió dos. Veámonos pronto. Sería lindo hacer algo toujours le dimanche, chez marie-jeanne-de anges.

abrazos y perdón por faltas pero
estoy muerta de sueño
Alejandrita

---

* En rojo en el original.

7. En nuestras habituales sesiones en la rue St. Sulpice —Alejandra no gustaba de frecuentar la Cité Universitaire, de modo que yo me trasladaba habitualmente al centro para visitarla— leíamos juntas los originales de *Arbol de Diana* y también solía leerme Alejandra fragmentos de su *Diario* y de la correspondencia que mantenía con otros escritores. A mi pedido, me transcribió estos fragmentos —de importancia suma para internarse en la poética Pizarnik— así como el pasaje de la carta de Cristina Campo que sigue.

8. C.C. es Cristina Campo, notable ensayista italiana que pertenecía al grupo de Elemire Zolla, un escritor crítico de la sociedad tecnoindustrial, traducido por Murena entre nosotros (*La desatención,* Sur, 1962). Su estilo recuerda por momentos el de Simone Weil. A Cristina Campo dedicó Alejandra uno de sus más impresionantes poemas breves, "Anillos de ceniza", incluido en *Los trabajos y las noches,* donde se habla de "los funestos / los dueños del silencio" —una imagen acaso profética. El pasaje transcripto por Alejandra dice:

La vida se retira a veces como una ola, y hay que resistir la mala ins-
piración de coleccionar las conchillas.

...esta huida desesperada hacia "lo que Ud. no quiere decir" es una
huida al revés, como esas fugas de amor que son cacerías.

En principio todo esto es absurdo, porque la poesía y el amor no comien-
zan sino en el momento en que se abandona toda lucha, como el despertar al
fin de un sueño.

9. "A ser breve y a dormirse luego". Este pasaje recuerda la apertura del impresionante poema Para Janis Joplin (fragmento) recogido en *Textos de sombra*, que
comienza: "A cantar dulce y a morirse luego". Probablemente hay una fuente común en el cancionero español medioeval, que no logro ahora rescatar.

III

Tarjeta postal desde Saint Paul
SIN FECHA

Queridísima Yvonne:

Desde la perla del Mediterráneo recibe un abrazo de
tu cursi e inculta amiguita que hubiera querido enviarte
unos versos en loor al (del?) mar.

Si tenés novedades urgentes pedile mi dirección a
Sylvia. Si no las tenés lo lamento pues nada más hermoso
que la urgencia, las nubes rosadas en el crepúsculo sobre
las montañas negras y sobre el mar del color que quieras.
Besos y abrazos para vos y Queta de

Alejandra

IV

DE BORDELOIS A PIZARNIK
BUENOS AIRES, 2 DE JULIO

Querida Alejadiña:

"Vote por la Unión de Jubilados Argentinos", esto
es, un país que se jubila sin júbilo, una ciudad que se des-

cifra como un palimpsesto oscuro, un aire que adormece y acaricia. Hoy me reconcilié con Durrell y el maravilloso comienzo de Clea, esa especie de AntiProust que clama que el regreso es imposible de algún modo, el milagro de la madeleine reflejándose inversamente en el perverso milagro del perfume de Justine que, reconocido, aleja para siempre a su amante. Como él dice, "un bocado en la oscuridad en que nos desangramos." Esto me hizo recordarte —el color de estas palabras.

Encontré mucho cariño a mi regreso, por comenzar la dulce y esperable llovizna aduanera, a más de los agasajos de los amigotes que tratan de consolarte diciéndote que no has cambiado para nada. (Y entonces ¿para qué?). Encuentros: Murena, fugazmente. Agradable, casi demasiado bien vestido, muy docto en sociologías, nos inspeccionamos amablemente sin abrir demasiadas brechas. Me ofreció críticas de libros para Cuadernos (vueltas que tiene la vida), aparte de una generosa presentación de los dominios que regentea vastamente. Respecto de Nadeau, se hallaba un tanto desconcertado por la bilateralidad de la corresponsalía (o como quieras llamarle) y quedamos en marcar un compás de espera hasta el arribo de la primera publicación para ver cómo se orienta la cosa. Vos me irás diciendo. Aparte, nuestras amistades ascienden cual estella vespertina en el cielo de la tarde: desde Juarroz que no conforme con la solapa extendió una generosa faja blanca con el dictamen de Char sobre su último libro: "Un verdadero y gran poeta", hasta César Magrini, a quien el director de los Cahiers de l' Herne le ha propuesto una traducción de su Relato del Sobreviviente. En fin, un ambiente de verdadera Pléyade. En general, la euforia del desembarco produjo una avalancha de ofertas de dudosa realización, desde el famoso cargo de Jefa de Trabajos Prácticos cuya rentabilidad aún se discute, hasta el tierno y absurdo llamado de Bianco proponiéndome escribir un libro sobre Sarmiento para Eudeba. Todo lo cual levanta vagamente el ánimo y deprime levemente el bolsillo, aunque acaso lo más sólido actualmente sea un empleo en la Universidad, con perspectivas de trabajar con gente divertida por lo menos.

En fin, todo esto no son más que aproximaciones bastante extrínsecas al tema del regreso, que es una operación casi quirúrgica en donde en vez de ser amputado uno es injertado de extrañas y antiguas ramas con las cuales no sabe cómo moverse, y se pasea por las calles como por antiguas fotos de las cuales se han perdido los datos. Todo eso en la dulzura, porque la Argentina es un país sumamente dulce a pesar (o a causa) de su desgracia, y los colectivos paran en todas las esquinas los días de lluvia[10]. Todavía existe la dichosa bonhomía de la familiaridad confianzuda, los gestos vagamente hermanos que te acompañan al pasar. Nada de esto ayuda a iluminar la crisis verdaderamente, porque como decía Marina Kaplan el otro día, "lo difícil no es Buenos Aires, lo difícil es la vida", "ese otro río", como dice César M.

De lecturas, me han acompañado sobre todo Michaux, en la colección que dirige Pellegrini en Fabril, bastante mal traducido por Galtier ("mandaos mudar"), pero capaz aun de sobrevivir a semejante prueba. Y me fascinó mucho La Furia, de Silvina Ocampo. En cuanto a mí, trato de recuperar, no ya una lengua, sino simplemente un deseo, que no sé si pide palabras o silencio.

A tu mamá aún no la he visto, pues quedamos en visitarla con Queta, y nuestra gentil amiguita aun no ha aparecido, demorada no se sabe en qué misterioso tramo del itinerario Dolores-La Plata (donde ya le han dado algunas cátedras). De todos modos, pienso ir en el curso de esta semana; si no el té que me diste empezará a brotar flores y los pájaros que vengan a visitarlas no me dejarán dormir.

Voilà. Por supuesto hay mil cosas más que decir, como el recital de María Casares de Baudelaire, a quien Leónidas de Vedia presentó como a un primo descarriado, víctima del segundo casamiento de su mamá. Por supuesto, cuando anunciaron La Passante, una señora eligió el momento para deslizarse raudamente por todo el escenario, reapareciendo después con un enorme ramo de vistosas flores con que fue obsequiada la ilustre actriz. Como ves, seguimos siendo esa provincia cursi y encantadora del alma que resiste a todos los progresos, a todos los abismos, con desarmante inocencia.

Prefiero terminar ahora y esperar una humorística y alentadora respuesta; sobre todo no olvides detallar el proyecto Nadeau, pues con el fárrago del regreso se me han olvidado las líneas generales.

Supongo que comprenderás que mi tono epistolar habitual es un poco más aéreo e inspirado que este esperpento perodístico-melodramático. Te espero muy pronto. Un gran cariño

Ivonne

10. Paraban.

V
PARÍS, 5 DE AGOSTO DE 1963

Querida Ivoncita,

aquí a mi lado tu muy hermosa lettera que no respondí unos minutos después de leída porque decidí partir a lo de la Mère Espagne étant donné que nuestra ami-

226

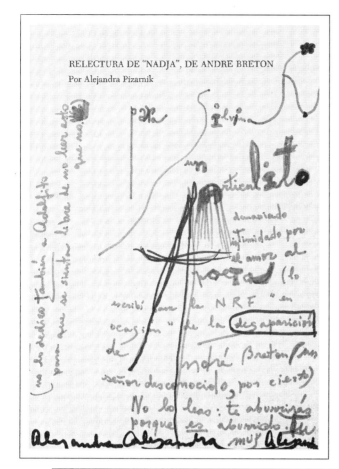

RELECTURA DE "NADJA", DE ANDRE BRETON

Por Alejandra Pizarnik

"Tuve muchos
amores pero el
más hermoso fue
mi amor a los
espejos."

ga Marie Jeanne[11] tenía justo un espacio a su lado en su automovilcito rojo el cual cuyo espacio correspondía muy bien a las escasas dimensiones de mis posesiones posteriores de lo que se colije que no dudé un solo minuto y en seguida alimenté mis ojos con campos de castilla, campos de soria, campos de santiago, campos descampados que me dieron reposo alegría. No es esto todo, naturlich, también le di a mis ojos cuadros y rostros, iglesias y señoras de negro, que en este sentido es lo que más abunda. A propósito de tu carta, querida amiguita, es de las más fuertes y alentadas y carentes de depresiones que recibí de Argentina. Lo que me contás del recital María Casares (ramo de flores, atmósfera cursi) no es muy grave según mi criterio pues ha de ser un equivalente de las reuniones de este tipo —conciertos, recitales— que organizan todas las señoras con sombrero del mundo. Yo presencié uno en el Escorial —concierto de musik religiosa— que nos obligó a Marie Jeanne y a mí a rajarnos en la mitad a causa de mi fou rire o fourrure[12] que me doblegaba y me trizaba aunque debo decir que era tal que también arribó a disolver la inefable seriedad de M. J.

Bueno, cuestión Nadeau todo está detenido por las grandes vacaciones (yo llegué hoy) pero la última vez que hablé con Mme. Serreau me dijo que te escribiría[13]. ¿Lo hizo? De todos modos, si tenés en tu mente privilegiada una nota o artículo sobre por ejemplo cómo encontraste la Argentina después de París o sobre lo que quieras y te animás a hacerlo estoy segura que les interesará —yo por mi parte, lo llevaré con la fidelidad y exactitud de toujours. Naturalmente, si lo llegás a redactar en francés se maravillarán y relamerán.

Según los diarios franceses, las perspectivas argentinas son menos sombrías ¿es cierto? Por mi parte parece que tendré que ir nomás pues mi pobre madre anda en nostalgias; me dice, además, que la han operado, me lo dice sin darle importancia. Sé por ella que fuiste —quedó encantada con usted, esta chica— de manera que si sabés o si viste su estado tel quel no dejes de contarme, tanto en un sentido somático cuanto psicolójico. No cuentes lo del posible retornuelo alejandrino; por otra parte quisiera ir por unos meses y c' est tout.

No te hablo de dificultades económicas porque me hastía y sospecho que también a vos. Me gusta saberte ya en la fac. trabajando en lo tuyo y recibiendo oros, aros o iras. Pero no quiero inventar optimismos: supongo que andás tra-tan-do de estar bien, de no gemir, de so-bre-po-ner-te, aunque ojalá me equivoque[14]. No dejés de escribir, ma ch. a.[15], lo que vi en nuestra encantadora tarde de pan y queso callejeros me da todos los derechos a insistir[16] aunque lo esencial, sin duda, es que vos misma tengas ganas. Yo escribí una prosa muy extensa en Hispania fecundadora y no me animo a releerla pues no tiene ni un punto ni una coma con lo cual me cansa y me hastía (hay autores que hacen todo lo posible para alejar al lector y después se quejan si no se los lee). Releí, eso sí, tu maravillosa nota de Sur[17] ¿Se la mostraste a la madre de quien suscribe? Si te sobra un ejemplar dale una alegría enviándoselo o arrancá las páginas que nos conciernen.

Agucé o aguzé el oído en Espagne para refrescarme a la sombra del dulce lenguaje natal. En un café de un inmundo pueblo llamado Luarca había una nena bebiendo algo alcoholizado y alcoholizante. Le pregunté qué y me dijo como quien no quiere la cosa: "Sol y sombra" lo cual cuyo me hizo estremecer de gozo poético hasta que una semana después supe por algún sádico que solisombra es el nombre de un cocktail merdealors.

No creas que tengo fiebre o que deliro, es simplemente el reencuentro con mi maquinita de escribir (¿quién la lubricó en mi ausencia?) que me apresura el transcurrir mental y me obliga a enviarte este confusorio de cosas y casos de los o las que me olvido sin duda lo esencial. Ah, quería decirte que no importa si los amigos te dicen "no has cambiado para nada", en el fondo es una manera de decirte que es el afecto o la amistad que no han cambiado, que no sos una desconocida para ellos. Además, como vos lo sabés mejor que yo, las verdaderas metamorfosis son invisibles... y hélas, raras. Bueno, llegué filosofista de españa. Escribime y cuantiosos copiosos abrazos de

Alejandra

11. Marie Jeanne Noirot, ya mencionada, era una mujer inteligente, reservada y fina, que amparaba a Alejandra, y le proporcionó apoyos indispensables en muchas ocasiones. Marie Jeanne admiraba a Alejandra y era difícil imaginar personalidades más dispares y una amistad más leal que la que existía entre ellas.

12. Mi loca risa —Alejandra juega aquí con las palabras, como de costumbre, valiéndose del parecido entre esta expresión y la palabra "fourrure", piel de peletería.

13. Se trataba de una eventual colaboración de mi parte en *Les Lettres Nouvelles,* que luego fue retomada por H. A. Murena.

14. Mi partida de París coincidió con un conflicto personal penoso para mí —muy a su manera, Alejandra me cautela aquí contra un exceso de voluntarismo en mi recuperación.

15. Ma chère amie - mi querida amiga.

16. Alejandra se refiere aquí a algunos poemas breves que yo le había mostrado y sobre los cuales me instaba a la publicación —conservo originales donde marcó con una cruz, en lápiz, los preferidos. (Algunos de ellos han aparecido en la sección Breviario de mi libro de poesías *El alegre apocalipsis,* GEL, 1995).

17. Se trata de "Alejandra Pizarnik: *Arbol de Diana*", *Sur* 282, pp. 98-100. Entre otras cosas, en esta nota deslindo la escritura de Pizarnik distinguiéndola del

surrealismo, un punto en el que luego ha abundado la crítica posterior, en particular Enrique Pezzoni en su estudio "La poesía como destino", *Sur,* 297, 1965 y Francisco Lasarte, "Más allá del Surrealismo: la poesía de Alejandra Pizarnik", *Revista Iberoamericana* 125, 1983.

VI
DE BORDELOIS A PIZARNIK
SIN FECHA

Ma très chère, tu carta queda como una hoja de marronier en la vanguardia de la primavera, en un estante sobrecargado de no tan poéticos recuerdos como los que tú me envías. Me gustó tu España soriana y escorialesca —a pesar de lo que decís— la tierra riojana que de algún modo equilibra o compensa el cielo pizarra de París.

Qué decirte de los primeros dos meses sino que fueron difíciles: noche oscura del cuerpo y del alma. Mi propensión al masoquismo me llevó a aceptar dos puestos simultáneos, prevaricando así la noble virtud del ocio salvador. En octubre me libero de la corvée de uno de ellos y me quedo con la Facultad tan sólo —cuento los días. Espero rescatar un poco de alma para poder escapar a este acoso impertinente y oscurecedor de horarios y obligaciones estúpidas. En fin, supongo que en ciertas épocas uno elige no ocupaciones, sino ritmos capaces de enajenarte y arrancarte del vértigo de la depre, y esto es lo que debe haber ocurrido aquí. Bref, con un fifty and fifty de calmantes y reconstituyentes y amistad sólida, estoy alcanzando la sensación de emerger del pozo, y no puedo quejarme.

Tu madre y tu padre muy atentos y tiernos, a ella la encontré muy bien (una semana después de la operación, por lo cual colijo que se ha repuesto sin dificultades).

Desde luego te extrañan y recuerdan; no se han curado del asombro de verte enfrentar la vida por tu cuenta (esto es: prepararse la cocinita y la ropita sin ayuda de tu mamita). Comprenden que París es tu lugar para decir las cosas, a su manera, y esto, yo creo, ya es mucho.

(...) Sylvia dio ayer una conferencia sobre Queneau en la Alianza Francesa, fue muy amusant y las señoras-sombreros reían a carcajadas solazándose con las agudas cochinerías del aludido.

Para festejarlo fuimos con María Luisa Bastos al cine, a hacer patria viendo una película nacional denominada Los Inconstantes, con diálogos de este tipo:

El: —Mirá qué luna! ¿vamos a la playa? (tono de Coronel Díaz y Santa Fe a las 11 de la mañana, día sábado).

Ella: "¿Por qué no te sacás la máscara de porteño?

¿No ves que aquí —Villa Gessell— todo es distinto?"

Me reí como en los buenos tiempos de las buenas de los hermanos Marx, en la agradable y saludable compañía de toda la platea, que a Dios gracias no ha perdido el regocijante sentido del humor, pese a los elevados precios que se pagan para escuchar semejantes inverosimilitudes.

Cortázar me transportó con su Rayuela —estoy preparando la nota para Señales y presiento que en Sur armaré alguna contranota versus Murena, a quien no le gustó. Me parece uno de los libros más importantes que se han escrito en Argentina desde hace mucho tiempo.

Ahora vuelvo a Simone de Beauvoir, con La force de l' Age: me atrae y me rechaza su tono periodístico y sacudido, la contradicción entre activismo y fantasía, la negación y la dependencia de Sartre.

Con María Luisa hemos ligado un espacio por Radio Municipal, donde nos proponemos darnos un banquete crítico a propósito de los suplementos literarios domini-·

cales etc. etc. Leí tu retrato literario en La Razón por Requeni, acompañado por una hermosa y surrealista foto tuya, de tus años púberes. En la nota hay cariño, admiración e ingenuidad (se habla de tu "falansterio" (?) de Avellaneda, expresión que hemos saboreado con Sylvia).

Por el momento la inspiración anda de capa caída, de modo que no cuento gratificarte con ningún engendro especial. Hubo una reunión en Sur en la cual tuve un violento entredicho con Victoria, pero aun persisto en tan nobles páginas. Ella es una mujer interesante, pero caprichosa, vulnerable y voluntariamente ciega de un modo insospechado. Lo que sería digno de describir alguna vez es el coro de adulación y resentimiento que la rodea y la distancia capaz de segregar un monstruo-mecenas de ese tipo: una invencible soledad.

César terminando un artículo sobre Borges para el próximo número de los Cahiers de l' Herne; ahora prepara un libro sobre Dondo para las ediciones de la Dirección Nacional de Cultura. En el fondo, yo creo que está caminando hacia París, y me parece un derrotero muy conveniente, sobre todo con una puerta como la tuya.

(...) La primavera es sumamente celeste. Supongo que el verano traerá mucho cielo, y acaso una imagen vivible de mí misma.

Muchos cariños a Marie Jeanne. (Me olvidaba de decirte que la Maga de Rayuela me hizo recordarte, en algunos relámpagos).

Un cariño muy grande y no seas tan lenta como yo para contestar

Ivonne

VI

Queridísima Ivonne Aline:

recibí la carta con grandes alegrías y placeres y risas solitarias a medianoche —¿qué le pasó a tu dulcísimo sentido del humor de súbito desaforado? Bueno, me pasaron algunas extrañas cosas que ya te contaré en carne y hueso— creo que iré nomás a Buenos Aires para Abril y sus hermosas lluvias. No lo comentes pues aún no es seguro. Me hubiera gustado —y tanto— tenerte cerca para hablar o tratar de hablar de lo mucho que sucedió. Pero tal vez, en un plano desconocido —fatalidad y todo eso— era necesario que yo no pudiera hablar, que mantuviera en mí ese silencio moviente, que crecía como un fuego. Bueno ¿entonces me perdonás mi demora? Por supuesto, naturalmente, dijo la niña Ivonne. Y Alejandrita continuó:

No sé qué pasa afuera porque estuve un mes y medio sumida en la zona prohibida de la que se es posible salir gracias a muy altas permisiones. Pero hablemos de cosas importantes. Releí tu artículo sobre mi libro. Es de una belleza excepcional. Ojalá pueda un día escribir poemas que sean un más verdadero testimonio de lo que decís[18]. No quiero dejar de contarte que Cristina Campo[19] —sin saber que somos amigas— me envió unas líneas preguntándome quién sos. "Elle voit. Elle sait. Elle sait voir. Elle nous appartient. Qui est-elle?"[20] Por lo tanto, ma chère, si algún día querés enviarle una líneas te encontrarás con su amistad y su admiración. (dirección: Piazza Lauro de Bosis 6, Roma 968).

Escribo. Como siempre. En el último **Lettres Nouvelles** me tradujeron una buena serie de poemas. Y en Bélgica mi artículo sobre Octavio Paz[21]. Ya te daré o enviaré un ejemplar. Dije que escribo. Otro conflicto que eligió mi fragilidad total de ahora para sumarse a los demás. "Li mals ne savent seuls venir" Old Rutebeuf dixit[22]. Le dirás —por favor— a Sylvia y a Queta y a Roberto[23] que les escribiré muy pronto. No te asombres de la falta o huida de mi humor exquisito y de mis bellos chistes. Pero no sé para qué me excuso con vos por esto si no hace falta. Escribime. Me hará un enorme bien. Estoy momentáneamente chez Marie Jeanne hasta que consiga un cuarto propio. Hasta prontito, querida Ivonne. Un abrazo de

Alejandra

18. Ver nota 8.

19. Se refiere aquí Alejandra a mi ya mencionada reseña sobre *Arbol de Diana* en *Sur*, 282, 1963.

Gracias a esta sugerencia de Alejandra, que había enviado a Cristina Campo mi reseña sobre *Arbol de Diana* en *Sur*, intercambié con ella una breve correspondencia, de la cual conservo una o dos memorables cartas. Alejandra me señaló que Cristina Campo había coincidido en particular con el siguiente pasaje de mi crítica:

"Fácil sería, desde luego, reclamar herencias surrealistas, citar nombres ilustres, lecturas posibles. Hay en primer lugar una visión plástica muy próxima a ciertas figuraciones del surrealismo —también la inocencia del aduanero Rousseau en el poema 34: 'La pequeña viajera / moría explicando su muerte / Sabios animales nostálgicos / visitaban su cuerpo'."

"Los reiterados espacios negativos: noche, muerte, miedo, son espacios que el surrealismo ha frecuentado hasta el delirio; son también sin duda la habitación propia de toda grande, verdadera poesía. Lo que importa, ante todo, es que esta aventura no reconoce huella previa, que está emprendida desde la soledad; y si ciertas encrucijadas, ciertas posadas nocturnas coinciden, no es a través de un itinerario preestablecido, sino, simplemente, gracias a la secreta cita que reúne de tanto en tanto, en torno al mismo fuego, a ciertos exilados."

20. "Ve. Sabe. Sabe ver. Nos pertenece. ¿Quién es?".

21. Ver nota 3 de la correspondencia con la familia. Este artículo ha sido también reproducido en la antología crítica sobre Octavio Paz publicada por Pere Gimferrer en Taurus, 1982.

22. "Dijo el viejo Rutebeuf". Alejandra cita aquí la célebre y conmovedora Complainte de Rutebeuf. "Li mal ne savent seul venir, / Tout ce m' estoit a avenir / S' est avenu ...": "Los males no suelen venir solos / Todo lo que tenía que ocurrirme / Me ha ocurrido...".

23. Roberto Yahni, egresado en Letras y hoy profesor e investigador en la UBA, autor, junto con Pedro Orgambide, de la conocida *Enciclopedia de la Literatura Argentina*, residía también en el Pabellón Argentino de la Ciudad Universitaria y conocía a Alejandra; fue uno de los últimos amigos que llegó a verla, casualmente, unos días antes de su muerte.

VII

PARÍS, 15 DE DICIEMBRE DE 1963

Ma chère Ivonne A.:

Unas líneas rápidas y fugacísimas. Tu carta me contentó muy mucho, me alentó inmensamente. Quiero decirte que ya me levanté de ese lugar de tristeza sin fondo desde el cual te escribí mi cartuja anterior. Ahora estoy plena del probable viajecito a los lares. Aún no sé la fecha pero si mi familia me envía los pasajes pronto estaré allá por febrero. Tan, tan pronto... En caso contrario, quiero decir, si mi familia no resuelve los leves conflictos en torno a mi viejo pasaje y demás "diligencias" entonces iré en abril, dulce mes de hojas aleteantes pero maldita la gracia que me hace el traslado de un invierno a otro. A causa de mi endeble salud —no se si te hablé de ello en la cartucha anterior— no soporto el frío y daría mucho estar en un espacio "donde hace la calor"[24]. Si vuelvo en febrero enfilo a Miramar con mis papeles de recién llegada y con los ojos muy abiertos. Inútil decirte —aunque es útil—

que me encantará recibir tu visita al borde del mar —los días que quieras— junto con la de nuestra hamada Sylvia. Pero de esto hablaremos sur place pues aun no tengo más que esta extraña confusión, este miedo al retorno y el deseo, también, de resolver de una vez por todos este miedo al retorno misterioso, secreto, "soterraño", como diría Concha Espina. Escribo bastante y ya verás échantillons gratuits de mi quehacer actual. Si vuelvo pronto hablaré en carne y güeso del asunto de Lettres Nouvelles. Si no, te lo explico en la próxima. Por las dudas andá seleccionando tus muy hermosos poemas franceses. O un ensayo, si preferís... Contame si pensás escribir sobre Rayuela y en dónde pensás publicar lo escrito. Necesito saberlo. Yo te diré el por qué... Bueno, esta cartuja no deja de alentar el misterio inherente a la persona umana. Digamos que estoy en la cresta de la ola: todo es provisorio. En verdad así es la "verdadera vida"[25] pero también de esto hablaremos, de la distancia increíble entre ese poder de meditar sobre todo, de meditarlo todo y lo que sucede cuando hay encarnación, acto vivo. No te desconsueles por la habitación de San Suplicio[26], conseguí otra bella y romántica en el sexto piso de la casa de G. Serreau (secretaria de Lettres Nouvelles). Lo que sí hace es un frío de la gran ...a, pero en la otra también lo hacía. Esta vez sufro más que Descartes (sería gracioso morir como Descartes... au moins, en mi caso).

Decile a Sylvia que te exhiba mi opereta en 18 actos: "Trutthamm und Izolde". Para encontrarle gracia es preciso conocer la historia de la poesía francesa (o al menos Verlaine, Mallarmé, Baudelaire, Perse y algunos blues americanos del año 40, lo cual es tu caso).

Me gusta tu proyecto del libro sobre Güiraldes[27]. Hay en mi biblioteca de Bs. As. un ensayo de Colombo (hijo) el impresor, rico en fotos y chismes y muy agotado, según su autor cuando me lo regaló. Si lo querés con urgencia le diré a mother que lo busque. Otra cosa: no sé si sabés quién es Bruno Schulz[28]. Una suerte de segundo Kafka, célebre ahora en París. Murió en un campo de concentración y dejó cuentos extrañísimos y originalísimos y fascinantes. Nadeau lo publicó en su colección. Te propongo esto: traducir un cuento suyo y publicarlo en Sur. Ya le dirás a María Luisa Bastos[29]. Naturalmente, Schulz escribió en polaco pero nosotros lo traduciremos del francés, puesto que cometimos la estupidez de estudiar el croata y el ucraniano en vez del polaco. Entre nuestro bello traducir y mi apellido todo se arreglará. Además, haré un artículo (o "haremos", si preferís), rico en detalles e interpretaciones. Por supuesto que el asunto vale la pena pues es literatura de primera calidad y de paso Sur publicará por vez primera —en Argentina— a un escritor que, según va la cosa, será pronto tan conocido como K. Sospecho que con todos tus trabajos y esfuerzos no te dice mucho un nuevo proyecto. Sin embargo yo quisiera llevar algunos poetas y cuentos —el último de Gracq, par exemple— y ver si hacemos cosas lindas. Aunque de lo que más siento deseos es de conversar con vos unas diez o doce horas seguidas. Bueno, ma chère, prometí unas líneas y el tiempo pasa y debo salir.

Escribí poemas. Yo creo mucho en tus poemas. Y esto te lo digo con la única confianza que existe en mi reino de la desconfianza: la de creer saber dónde está el lugar de la poesía. Mi nueva dirección es: 51, rue Rémy Dumoncel. Paris 14. Un abrazo, querida Ivonne.

Alejandra

24. Referencia al popular romance español que comienza: "Que por mayo era, por mayo". Alejandra, que solía ser muy crítica en cuanto a la literatura española moderna —creo que sólo Cernuda, García Lorca y Alberti se salvaban de sus críticas— dominaba un vasto repertorio de canciones y romances medievales, que citaba a menudo. Su preferencia iba, con todo, a Quevedo —predilección compartida, curiosamente, por Borges, poeta ajeno si los hay a la poética de Pizarnik.

25. "La verdadera vida": esta expresión se refiere al célebre dictum de Rimbaud: "La vraie vie est ailleurs" (La verdadera vida está en otra parte) al que Alejandra adhería incondicionalmente.

26. Otro juego de palabras. Alejandra se refiere aquí a su departamento en la esquina de la Rue St. Sulpice, frente a la iglesia del mismo nombre —en este lugar, precisamente, se celebra ahora una Feria de Poesía, todos los años, en el mes de junio, en la que alternan músicos y poetas.

27. Se trata de la biografía de Güiraldes que Eudeba me encomendó, vía Pepe Bianco, para su colección Genio y Figura, y que apareció en 1966.

28. Bruno Schulz (1893-1944), nacido austríaco, se ciudadanizó polaco en 1918. En sus libros (*Las tiendas de color canela* y *El sanatorio del sepulturero*) prepondera una misteriosa figura paterna. También su delicado humor y la levedad oblicua de sus imágenes encantaban a Alejandra, quien coincidía con otros críticos en juzgarlo el heredero de Kafka y escribió unas Notas sobre Bruno Schulz en *Cuadernos*. La sugerencia de publicarlo en *Sur* no tuvo éxito —habrá que esperar hasta 1972, el año en que muere Alejandra, para que el Centro Editor de América Latina publique sus relatos en la Argentina, por sugerencia de Gombrowicz. Varios años después el libro fue retomado por una gran editorial española, de modo que la del Centro fue una edición popular y pionera. El responsable de la Colección Narradores de Hoy, en la que apareció el libro, era Luis Gregorich, investigador, crítico y escritor, quien compartía con Alejandra un gran amigo común, Juan Esteban Fassio. Gregorich conocía a Alejandra desde los finales del '50, cuando Roberto Juarroz y Mario Morales editaban *Poesía = Poesía,* revista a cuyas reuniones asistían ambos y en cuyas páginas ambos publicaron poemas. También Gombrowicz había recomendado a Shulz a Gregorich, diciendo que en la literatura polaca contemporánea sólo había dos nombres: Bruno Schulz y Witold Gombrowicz. Probablemente tenía razón.

29. María Luisa Bastos, entonces secretaria de *Sur,* luego de la renuncia de José Bianco, por desavenencias con Victoria Ocampo con motivo del viaje de Bianco a Cuba. Actualmente es escritora y profesora universitaria en los Estados Unidos.

VIII
SIN FECHA

Queridísima Ivonne A.:

es de noche y tarde; de allí que me apure como si ello tuviera que ver con la cosa en sí. Bravo por Mme Maffei[30]. Le haremos un Bonnefoy que entrará en los anales de la lit. universal que no por anales los hemos de despreciar, más vale anal en mano que lo contrario (Cf. Tácito, Anales complejos, suivi de Complejos anales). Me ocuparé de llevar su opera omnia a Buenos Aires. Acaba de publicar en el Mercure una serie de poemas de amor simples y maravillosos. O sea: es una excelente noticia y Mme. Maffei se pondrá tan eufórica que se le naufragarán los barquitos de sus grandes ojos asombrados. Ya le dije a G. Serreau del n° de Lettres Nouvelles con el artículo de Michel Butor[31]. Le pedí que lo envíe por avión. Si no lo recibo en los próximos días avísenme pues será la señal de que su memoria no se mejoró malgré l' actiphos[32]. Lo que sí, le asombró de que Sur no lo tuviera pues envían regularmente Lettres Nouvelles. Ahora no recuerdo el número pero sé que pertenece a los primeros de la serie amarilla tamaño libro. Affaire Schulz: trabajo en el artículo sobre él. Affaire comentarios míos para Sur[33]: los haré con alegría y letra prolija pero como parece que vuelvo prontísimo parece que es mejor, creo, que no me envíen los libros. Cuestión retorno —perdoname la síntesis pero los vecinos duermen— la fecha depende de la celeridad con que mi madre gestione el cambio del viejo pasaje de retorno por uno nuevo ida y vuelta[34]. Le escribí a Sylvia pidiéndole que telefonee a la Madre de manera de explicarle los trámites a efectuar. (Qué lenguaje, mi madre! —qu' elle dit, Virginia Woolf). Si Sylvia no está en la ciudad o no puede llamar te ruego pegarle un coup de fil[35] a mi autora (28-6349) y preguntarle si todo anda bien, si recibió el pasaje, si no hay problemas. Agregá esto: Es la compañía (NAVISEAS) la que tiene que telegrafiar a la compañía francesa una vez que Madre pagó los pasajes, la cual cía. francesa me lo avisa y yo me presento en carne y güeso y me expenden el pasaje tangible y touchant. Lo digo porque si no lo sabe recibirá allí el pasaje, luego me lo enviará y todo será largo y no habrá tiempo. Ahora que hablo de estas cosas se produce lo que Concha Espina denomina un "nudo en la garganta"[36].

(Intermedio para ingurgitar alimentos terrestres. Cf. polenta, mientras se va haciendo la medianoche). Eh oui, hay un nudo en la garganta cuando se piensa en el verbo **viajar.** Baudelaire habla tan lindo del asunto porque nunca se alejó mucho de París. Los poetas! Qué cosa-cosa los poetas! Paso de largo. Julio espera con ansia tu artículo en Señales[37]. Hoy comí con él y con Aurora y nos reímos hablando estilo Gekrepten. Marie Jeanne está muy bien, como siempre, tan calma y alentadora. A Cacho[38] apenas lo veo, la última vez estaba gordo, lindo y rosado, esta chica. No salgo mucho pues ando escriturosa y lectora y meditatividada. O me paseo sola y miro el gris extraño de las callecitas, sin mucha gana de hablar pero bastante serena y no descontenta de la vida y otras menudas cosas por el estilo. Tendrás que leer a Karen Blixen[39], la baronesa dinamarquesa (perdón por la rima me j' pé pá fer otremán[40]), autora de cuentos perfectos que no deslucen cerca de los de Chejov, par exemple. Este es otro dato para María Luisa. Llevaré su libro (enorme éxito en París) y traduciremos algún cuento. Nos teñimos el pelo de rubias y firmamos Solveg Bordelois y Magrit Pizarnik con lo cual despistamos al embajador danés. Pero mi lectura de fondo sigue siendo Georges Bataille. Ah, il faut parler de ça[41]... Acaba de salir un texto póstumo de él, sobre el humor y la muerte que da justísimo en el lugar exactísimo en que la vida se abre para mostrar su parte más vivida, más vívida, más aleteante, palpitante, bueno, es cruel hablarte y que no lo leas. Por lo que te dije ya sabés que no sé nada aún de la fecha del retorno, llama a la Madre, cara amiga, si Sylvia no pudo hacerlo. Decime que tenés de publicable. Ese poema bellísimo del alba que leímos en un café, par exemple[42]. Sería para un diario de Venezuela. (Pagan lindo —dijo la fina poeta). Grandes risas con las historias que me contás de Güiraldes[43]. Seguílas en la próxima. Feliz año nuevo, ma chère (merecimos vivir un año más —sé pa mal di tú[44]). Grandes abrazos de

Alejandra

30. Sofía Maffei dirigía y editaba la muy hermosa y cuidada colección de poesía *Carmina*, donde aparecieron textos de Trakl, Hölderlin y de jóvenes poetas argentinos. Mi contacto con ella se debía al propósito de traducir y editar al poeta francés Yves Bonnefoy, a cuyas conferencias sobre el barroco en l' Ecole du Journalisme yo había asistido en París, por indicación de Alejandra y, en ocasiones, con ella. La personalidad y la escritura de Bonnefoy me impresionaron profundamente y así se gestó este proyecto, que culminó con la edición de los poemas, seleccionados entre textos de Du mouvement et de l' immobilité de Douve y Hier Régnant Désert. Algunas de estas traducciones reaparecieron en *Sur* (donde también tradujimos con Alejandra un texto de Bonnefoy, Traducir o trasponer Hamlet) y en *La Nación*. Bonnefoy agradeció explícitamente estas traducciones y mantuvo una breve correspondencia con Alejandra y conmigo en este sentido.

31. En aquel tiempo programamos y realizamos con Enrique Pezzoni una se-

rie de conferencias sobre el Nouveau Roman y la literatura objetiva, que llevamos a cabo en varias ciudades del interior con el apoyo de la UNESCO. Para este proyecto pedimos a Alejandra el texto mencionado, que se había extraviado en el archivo de *Sur*.

32. "A pesar del actiphos". Se trata de una conocida anfetamina muy popular en los años sesenta para reforzar la memoria.

33. A partir de su regreso Alejandra colaboró con relativa regularidad en *Sur* con varias reseñas, como las que dedicó a Artaud, Girri, Murena, Anderson Imbert y *Zona Franca*.

34. Los hechos muestran que la vuelta a París de Alejandra no resultó posible en aquella fecha y todo hace suponer que su familia no compartía su decisión de un pronto regreso. Sólo varios años después, al recibir la beca Guggenheim, pasó Alejandra en viaje de retorno por París, como se ve más adelante.

35. Una llamada de teléfono.

36. A partir de aquí, el texto dactilografiado —en tinta roja— pasa a ser manuscrito. Resulta claro que el sueño de sus vecinos era en ese momento una prioridad no desdeñable para Alejandra.

37. Julio Cortázar. Se trata de una reseña sobre *Rayuela*, que apareció en *Señales*, en la primavera de 1963. Yo había publicado previamente, mediante la intervención de Alejandra, una nota sobre *Los Premios* en *Cuadernos del Congreso para la Libertad de la Cultura* — donde Alejandra trabajaba en labores burocráticas y colaboraba con reseñas. A raíz de mi nota recibí una invitación de Cortázar para visitarlo en su casa, donde me recibió con Aurora Bernárdez —entrevista de la que guardo el muy grato recuerdo de una conversación alegre y chispeante, habitada por una recatada reserva fortalecida, acaso, por nuestras respectivas timideces de entonces.

A mi entender —y sin enarbolar ninguna falsa modestia al respecto— los términos de Alejandra, en el caso de la reseña de *Rayuela*, resultan excesivamente halagüeños, y las referidas ansias de Cortázar se deben tomar abundantemente *cum grano salis*. El escritor era ya, a mi entender, sobradamente conocido entre nosotros en esa época, y si bien una reseña de mi parte pudo serle interesante, había foros literarios y críticos harto más renombrados que yo en aquel tiempo para difundirlo o promoverlo. *Señales* era una publicación de la Obra del Cardenal Ferrari destinada a la crítica literaria, dirigida por María Esther de Miguel y en donde colaborábamos entre otros Eugenio Guasta, César Magrini, Juan Jovino García Gayo y Emilia Pagès.

38. Arnaldo Calveyra, poeta entrerriano que presenté a Alejandra. Yo lo había conocido en mi primer viaje a París, en el Pabellón de la Casa Argentina en la Cité Universitaire. Es autor, entre otros libros de teatro, ensayos y poesía —varios de ellos traducidos al francés— de un muy hermoso poemario, *Cartas para que la alegría* (1959). Con Roberto Juarroz, Olga Orozco y Alejandra, participó en una lectura poética organizada en París por Paul Verdevoye, en 1963. Ha sido director de la biblioteca de la Maison d' Amérique Latine en París por muchos años.

39. Los relatos de esta autora —que firmaba como Isak Dinesen— se popularizaron enormemente mucho tiempo después, y en los últimos años en particular, gracias a la película *Africa mía*. A pesar de las sugerencias de Alejandra que yo transmití, *Sur* nunca publicó material de esta autora.

40. "Pero no puedo hacerlo de otra manera."

41. "Hay que hablar de eso."

42. La palabra "alba" aparece muy excepcionalmente en mis escritos. Creo que el poema al que se refiere Alejandra formaba parte de un poemario de textos breves:

> Dos salidas para el túnel:
>
> En una, lobos.
>
> En la otra, luna.
>
> (Quiero perder la vida
>
> antes que llegue el alba y me equivoque).

La palabra "alba" resulta clave, en cambio, en la poética de Alejandra. Por mi parte, el poema que prefiero de Alejandra, tanto por su insuperable ritmo como por su delicadeza, pocas veces alcanzados a mi juicio en español, es uno dedicado a Silvina Ocampo, que aparece en *Textos de sombra,* recreación contemporánea de los hermosísimos cantares de amigo de la lírica medieval y donde precisamente el alba —un alba amenazante— es la imagen central:

> AL ALBA VENID
>
> Al viento no lo escuchéis,
>
> al viento.
>
> Toco la noche,

a la noche no la toquéis

al alba

voy a partir

al alba no partáis, al alba

voy a partir.

43. La colección Genio y Figura, donde publiqué la biografía de Güiraldes, había sido planeada desde un enfoque literario-periodístico, lo que implicaba que en lo posible debían recogerse testimonios directos de los allegados a los autores en cuestión. Esta tarea, sumamente interesante y conmovedora muchas veces, daba también lugar a episodios pintorescos o risibles, como señala Alejandra. Recuerdo por ejemplo que cuando entrevisté a Borges en la Biblioteca Nacional —de la que por entonces era director— el escritor negó vehementemente haber dedicado un soneto a la memoria de Güiraldes —hasta que yo saqué de mi portafolio una fotocopia con el soneto de marras, publicado hacía mucho tiempo en *La Nación*— un excelente poema, por otra parte, que resulta difícil olvidar. Borges admitió de buena gana su olvido y poco tiempo después publicó una versión corregida del poema, también en *La Nación*.

44. Grafía literal y jocosa por: "C'est pas mal du tout" = no está nada mal.

IX

MIRAMAR, 6 DE MARZO DE 1964

ma chère Ivonne, tu verano aún brilla con extrema dulzura y delicadeza. Tanto es así que hasta yo, hecha para cuevas y catacumbas, he cedido y me he ido, alta y hermosa como una romana[45], al borde de las grandes aguas —de las terribles aguas que suenan toda la noche, toda la noche suenan y es como dormir en una gran garganta oscura o en una selva. Como aún no me han llegado mis libros que yo me envié desde Parigi ("donnez-moi ma liste de mes biens à moi") se me ocurre que no sería nada ocioso sino más bien juicioso encargar al agente secreto de Sylvia los libros de poemas de Bonnefoy, TODOS, los cuales han sido publicados por el

Mercurio de Lutecia. Ambas dos lo pagaremos, naturlich. Otra cosa astuta será leer un poquito a Pierre Jean-Jouve, a quien Bonnefoy leyó tanto, a quien mucho le debe (en cuanto a forma, según mi humildísima opinión). Tal vez en el Instituto de Literatura Française de la Facultad se encuentre el P. J. Jouve (de Seghers). Estoy ansiosa por comenzar estas traducciones pues ando en ese lugar del camino de la vida en donde es preciso hacer en vez de no, dicho sea de otro modo: ando presa de ansiedades y de tristezas que trato o trataré de mitigar dedicándome de lleno a otras cosas que el venerado y mostruoso yo (cómo si fuera tan fácil! —qu' elle dit para su capote). Si querés ver el mar en Semana Santa tuya es una cama, amiga. Mis poemas te esperan ansiosamente —ojalá sea recíproco. Un gran abrazo, amiguita Ivonne, de

Alejandra

45. Obvia alusión al conocido poema "Dolor", de Alfonsina Storni:

"Quisiera esta tarde divina de octubre / Pasear por la orilla lejana del mar /... Ser alta, soberbia, perfecta quisiera / Como una romana, para concordar..." En Miramar, desde donde esta carta fue enviada, la familia Pizarnik tenía un departamento no lejos de la playa, que visité una vez por invitación de Alejandra —si no recuerdo mal, en compañía de Queta Ribé.

X

Hoja de papel de una agenda, perforada, escrita con lápiz y con dibujos)
Retrato de Ivoncita efectuado el 10/1/65 a las 23.55 hs.
"GOZAOS EN TODO"
San Pablo[46]

Elle met tout sur le vert[47]
Elle a la joie de la mer d' aujourd' hui
Elle a le mystère du midi ensoleillé d' aujourd' hui

Alejandra e Ivonne
en Miramar, donde la
familia Pizarnik tenía
un departamento. 1964.

Elle ne reste pas immobile comme un axiome
Ella se somorguja en la hespéridas y canta musa en
mano
Alejandra I

46. Tenía yo en mi habitación por ese entonces una tarjeta diseñada por mí con esta cita de San Pablo, Primera Epístola a los Tesalonicenses, 16. Inútil mencionar las interpretaciones de Alejandra sobre este texto, que distaban de la ortodoxia.

47. Ella lo pone todo en verde (aquí ironiza Alejandra sobre mi preferencia por vestirme en tonos verdes): "Ella tiene la alegría del mar de hoy —Ella tiene el misterio del mediodía soleado de hoy— Ella no permanece inmóvil cual un axioma...".

XI
SIN FECHA

querida Ivoncita, sé por una detallada relación de origen maternal que, auricular en la diestra, has discado con la siniestra y obtenido el número que corresponde al teléfono allende mi cama. Por mi parte, hice lo propio y he obtenido ruidos extraños, no digo insólitos pero sí rotos, cascados, una suerte de puerta del viejo castillo abriéndose y cerrándose (la puerta) al viento. ¿He de colegir que tu teléfono funciona como el culverston?

Ahora, chère p´tite poudre joyeuse[48], te escribo con los deditos en la maquinilla escrituraria para decirte que

EME AQUI

trabajando a todo lo que da —¿qué da?— y con deseos de verte lo antes posible. Hay que ir a ver a Sofía Maffei —me olvidé de enviarle una postal de la montaña de Miramar y me da no sé qué ahora mandarle una de Buenos Aires. Recibí una cartuja de mi amiguito Héctor[49] y dice que Bonnefoy espera una cartuja de ti o de mí. Novedades no hay. Ayer vino Elizabeth[50] y me propuso dedicarme con ella a las altas finanzas[51]. Yo mencioné los productos lácteos que son lo único financiero que hace latir mi corazoncito edípico.

¿Por qué no escamoteas dos o tres vacas de la estancia de tu hermano[52] sin que nadie se dé cuenta? Puedes traerlas en la maleta de Eugenio[53], si es que la has encontrado. Si no querés traerme vacas, traeme el queso que fabricaba tu hermano mayor[54]; ya sé que no me ayudará en las finanzas pero me evitará la prolongación de una vieja frustración que me produjo el susodicho queso que tuvo que ser mío y no lo fue. Si no encontrás la maleta de Eugenio envolvelo en la poética de Aristóteles que, según mi juicio, tiene algo de vaca él también —o, como dicen los franceses, lui aussi.

Bueno, grandes besitos del petit marbre triste[55] (es horrible como imagen)

Alejandra

48. "Querida polvorita gozosa". Alejandra acostumbraba a llamarme "polvorita" en razón de mi velocidad para hablar y también debido a mis impaciencias. (Lo de "gozosa" se añade por lo mencionado en nota 46.) Al respecto recuerdo una anécdota relevante. Hablábamos en cierta ocasión con Alejandra de un personaje literario de nuestro medio y Alejandra dijo:

—Es un escritor muy fassss...

Impaciente, complementé:

—... cinante, querrás decir?

Nunca olvidaré el gesto de airado reproche y la cómica mirada de censura que me dirigió Alejandra al tiempo que concluía

—...cineroso...!

49. Héctor Murena, por entonces en París.

50. Elizabeth Azcona Cranwell, a quien ya presentamos con motivo de la carta-dedicatoria que se transcribe en este epistolario.

51. Naturalmente, la referencia es solamente jocosa. Nadie hubiera podido soñar en embarcar a Alejandra en ninguna aventura financiera.

52. Mi hermano mayor, Enrique Augusto, ingeniero agrónomo —que nunca fue estanciero, como implica el texto, pero sí administrador de campos.

53. Eugeno Guasta, hoy Párroco de la Merced y Monseñor. En aquel tiempo salíamos a menudo juntos en grupo —Eugenio colaboraba en *Sur,* como nosotras y también en *Señales,* como yo; Enrique Pezzoni solía ser también de la partida. No recuerdo exactamente la historia de la pérdida de la maleta —pero sí que Eugenio nos prestó una, en ocasión de un viaje que realizamos en grupo, con Enrique, a La Cumbre, donde nos alojamos en la casa de Manuel Mujica Láinez. También recuerdo que, por motivos que no acierto a reconstruir, el episodio fue desopilante.

54. Mi hermano Enrique, mencionado más arriba, fabricaba en aquella época —lamentablemente, por un muy breve período— un excelente queso de tipo Cheddar. Alejandra había probado ese queso en casa, adonde venía a comer a menudo, y donde lo celebrábamos abundantemente; es probable que yo le hubiera prometido una muestra del codiciado manjar, promesa que, dadas las circunstancias, nunca llegó a realizarse.

55. "Marmolito triste."

Es cierto que luego de una carta tan liviana y jocosa, con toda clase de encadenamientos surrealistas, esta inesperada imagen suena como ominosa irrupción de lo irreparable, de un modo que resulta inexplicable y por lo mismo, más desconsolador.

XII
RIGA, LE 47 FEBRUARS[56]
a Ivonne A.

Mi querida, donde sea u/y/o donde quiera que pose estos tristes, viejos, inmaculados (cual los Cisnes del Ideal) ojos míos, me topo ciegamente con el raro y crinado hijo de Ema Grammatica[57], cuyos ojos, ora ornitomorfos, ora meros, me recuerdan la continua ignorancia del aoristo[58]. Por eso, por el peplo de culpa que exorna mi eterno periplo por la Eterna Atlántida de lo Ideal, te mando desde la Hélade la efigie del nada Alfeo Bello, quien hubiese gozado como Aggrippa d'Aubigné al contagiar la gripe a Tor-

quemada, el cual fue por ello condenado —y cómo, Andresito B., hago para terminar la fracecica (sic) que empezó maja (...) Decía, l' amie, que don Andrés hubiría gozado al verse alvezre junto a una típica gallina amarilla como Xantipa. Puesto que, como Melesigenes no dijo, las galinas (sic) amarillas son sentenciosas. Oigámoslas:
"No - tengo - caráááác - ter!,

    "   "   "   "

    "   "   "   "

    "   "   "   "

Y siempre es así, como el mar que es agraz.
Un beso de
Alejandra

56. Ya el encabezamiento anuncia el carácter puramente lúdico de esta carta, probablemente enviada por Alejandra desde Miramar.

La carta, de pequeño formato y escrita en tinta verde, está adornada con un curioso sello postal de Nicaragua con la efigie de Andrés Bello, donde se lee su nombre acompañado de la leyenda: "1865-1965 - Primer Centenario de su Muerte". Probablemente el sello provenía de alguna carta recibida por Alejandra de Nicaragua. También hay una pequeña imagen de un gallo o gallina, sobre fondo amarillo brillante.

En 1965 obtuve yo una Beca de Investigación Interna del Consejo Superior de Investigaciones y escribí entonces un artículo —que mucho tiempo después publiqué en Amsterdam— sobre el capítulo que en su *Gramática* dedica Andrés Bello a "la maravillosa armonía de los tiempos verbales" en el español —uno de los trabajos lingüísticos más lúcidos y brillantes de los que se han escrito en nuestra lengua, mal conocido y apreciado a mi entender, y sumamente revelador del talento de Bello, que lo escribió cuando tenía escasamente treinta años y se hallaba aislado en su exilio de Chile. Dirigía mi trabajo Ana María Barrenechea, a quien ya hemos presentado aquí, profesora de Filología y Gramática en la Facultad, que también asesoraba y evaluaba los trabajos de investigación que se presentaban al Consejo.

Alejandra observaba con divertida curiosidad mis apasionadas incursiones filológicas y se entretenía sobre todo con la nomenclatura científica de la época —apogeo del estructuralismo— que tanto Ana María Barrenechea como yo utilizábamos. Recuerdo, por ejemplo, que alguna vez escribió un pequeño ensayo titulado "El veranoide y los verboides" donde se satirizaba —con burlona inocencia— la terminología científica del momento.

En el fondo de toda esta suave caricatura, acaso Alejandra advertía que mi vocación científica bloquearía por mucho tiempo mi preferencia por la poesía —a la que no me consagraba íntegramente entonces, como ella lo hacía, por consideraciones de orden práctico fáciles de adivinar.

Por otra parte, toda la carta respira el tono de ironía sobre el mundo clásico, helénico o español, la irreverencia por la Academia, las asociaciones libres, el gusto por las expresiones limítrofes y la precisión en la onomatopeya cómica, rasgos que también están presentes en los escritos póstumos de Alejandra.

57. Célebre actriz dramática italiana que visitaba la Argentina en sus giras teatrales de los años cincuenta, con enorme éxito.

58. En nota al margen Alejandra añade: Cf. "Aoristo Furioso". Naturalmente la referencia es la de Ariosto, célebre autor italiano de Orlando el Furioso. Es ésta una muestra típica del humor intertextual de Alejandra.

XIII
SIN FECHA

El papel de esta carta es una servilleta con bordados, dejando libre un óvalo donde Alejandra ha realizado uno de sus típicos dibujos en tinta roja y verde.

Querida Gran Ivonne A.:

Te liamé sin encontrar más que un confuso diálogo entre dos españolas —y elio toda la mañana, toda la mañana. Qué hacías hablando con Guillermo de Torre? de modo que partíme mustia y eme aquí sonrosada y doradita que da placer verme (al menos le da al nene de la carpa de al lado que ha de tener la friolera o la calentura de un año). Creo que volveré hacia el 10, si nada me urge retornarme antes. Par le moment, ça va bien[59]. Ando impaciente por contarte algunas cosas nuevas que se produjeron. Por ejemplo: descubrí (el verbo es pretencioso pero quiere decir **primera vez**) los sonidos, los ruidos —los de todos los días. Ahora veo que no están tan errados los que hacen experimentos. Hay varios que sí son muy bellos o belios (...)[60].

Todo el bien posible pero sobre todo el imposible para el anio

1

9

6

6!

y un gran abrazo de
Alejandra

Consejos y profilaxis: no escribas poemas erópticos femeninos; sé púdica, sé prolija y siéntate con los ojos mirando al bies —si son las tres de la tarde y canta una ranita en el Uruguay.

59. "Por ahora, va bien." Debería decir: "Pour (y no 'par') le moment..." A veces Alejandra cometía errores en francés; más a menudo, imitaba los errores comunes de los hispanohablantes escribiendo en francés.

60. La carta aparece aquí cortada y es evidente que el texto proseguía —probablemente Alejandra lo utilizó para otros fines o experimentos.

XIV
DE BORDELOIS A PIZARNIK
MONTEVIDEO, 10 DE FEBRERO
Querida Alejandrusca:
Te escribo desde una mañana gris pero mi alma no está demasiado gris. Uruguay es una provincia apacible y

soñolienta con su río siempre acompañándonos. Ce que je fais? De la linguistique: el veranoide transcurre coronado de verboides, el nivel de los cursos es digno de las viejas aulas de la Sorbonne y esto no impide tener mucamas llamadas Amabilia y grandes rubias playas a mi disposición. He estado mucho con Franz K., tu pariente encantador, y creo que por mucho tiempo no lo he —no nos hemos— de abandonar.

Aquí te vimos anunciada en un diario —creo que era para ser más exacta el periódico Marcha— que diría el profesor Albacete —con esa colaboración tuya en una revista de cuyo nombre no puedo acordarme, con ilustres compañeros de sumario. Pienso en Pepe y sus debates con el premio Primera Plana; me han contado que Julio (Cortázar, no Crespo!) saca un próximo libro de cuentos que espero con impaciencia; aquí le ha dedicado un llamado Moreno una de las sesiones del curso de verano de la Universidad que fue excelente. También hemos "lecturado" con Roberto García, un dulce y elevado tucumano que dedicó en La Gaceta un artículo a Rayuela y mereció una entusiasta respuesta de J. C. Tu dibujito puntillado me fascinó, no tanto acaso como la intriga que me produjo el misterioso corte de tu carta (admirá la aliteración) en el momento en que la emprendías misteriosamente con los ruidos de la vida cotidiana y sugerías sabrosos resultados al respecto.

Estuve un fin de semana con Anita en La Coronilla, paraje desértico y anchuroso donde departimos larga —ella— y tendida —yo. Todo muy intelectual, con una pared finísima de cristal a su alrededor, la suficiente para la transparencia, sin la llegada. Me gustó su gusto por el cine: le gusta mirar tanto como a mí. Estaban M. Luisa y Sylvia convertidas en dos pequeños bonzos dispuestas a rodar bronceadamente por la playa. Punta del Este —adonde fui después— es un lugar que te gustaría ¿por qué no te conseguís un brésilien blasé que te invite ilimitadamente?

Alejandrita, ¿cómo estás en el estío? Tendrás mucho que contarme cuando nos reencontremos en célebre abrazo. Será para marzo, que yo vuelvo el primero. Bueno ninia, deseando que tanto tú como tus sueños, poemas y dibujitos gocen de perfecta plenitud, te envío esta guirnalda de adioses

Ivonne

XV

SIN FECHA (probablemente comienzos de noviembre de 1967)

a Ivoncita I que cumple años sin pedir permiso, sin haber escrito 39 poemas, sin haber cocido un oeuf à la russe à point, sin haberse recibido en la Pimán, que no sabe máquina (ni de escribir[61] —que le dicen— ni de coser), que es profesora porque le gusta ser algo que empieza con p —Pick, pic, pájaro, pluma de colores aún no descubiertos und etc, etc.— porque le gustan los pajaritos después de todo y ante todo, sobre todo rojos y disfrazado de lingüistas.

¡Vivan las lenguas de los pajaritos! y las botas de 7 leguas de un pajarito rojo con el que Ivonne soñará esta noche y oirá su canto y feliz cumpleaños y un gran, gran abrazo de

Alejandra

61. Alejandra, que era excelente dactilógrafa, se burlaba cariñosamente, a menudo, de mi incuestionable torpeza mecanográfica.

XVI
16 DE OCTUBRE DE 1968

Mil gracias, chère Ivoncita, por el delicioso carruaje de niña disfrazada de reina loca que me enviaste de Niúiorc. Por supuesto que dicho carruaje exorna el muro de uno de mis aposentos: **la sala de estar** (¿te dije que esta denominación me embruja?).

Yo hago tiempo (y él me deshace con su cohorte de hilanderas). Ando escriturando un cuentito: una niña ve a un hombrecillo de antifaz azul, la sigue, cae en un pozo (y es esto lo principal: qué piensa ella al caer) en cuyo fondo la espera un colchón[62].

El cuentito irá, tal vez, al lugar de las desapariciones, pero antes quiero perfeccionarlo para no pasar vergüenza delante de la nada.

Me interesa horrores, 'sta chica, tu espacio actual, los seres que te circundan y la calidad de papel que venden las librerías[63]. Hoy recibí una separata de Octavio: comentario de un poema de Mallarmé, en donde aparece el nombre de Chomsky. Salió en **Diálogos**. ¿Querés verlo?[64]

Te extranio mucho. Pero nos veremos sin falta en los estás - unís. Qué caótica y escindidora presiento a la ciudad de niuiórk. ¿Acerté? Quisiera nunca tener razón. Besos y besos de tu

Alejandra

---

62. Este texto fue recogido por primera vez en *El deseo de la palabra*, Ocnos, 1975. El parentesco con Lewis Carroll es claro, si bien en este cuento relativamente poco estudiado de Pizarnik —donde se encuentran también fragmentos del borrador de *Los poseídos entre lilas*— hay resonancias metafísicas (como la cita de Heráclito "Lo que no es, no es" al comienzo, que resuena en el verso de Pizarnik: "Si no vino es porque no vino"), y una obsesión de muerte que la protagonista, A. —inicial común a Alejandra y Alicia— no comparte totalmente con su modelo inglés.

63. Obviamente, Alejandra comenzaba a planear su temporada en los Estados Unidos con estos interrogantes. De su irrefrenable y proverbial amor por toda clase de papeles e instrumentos de escritura hay otras pruebas en esta correspondencia y en muchos otros testimonios. Es posible que la abundancia y calidad de estos elementos en los Estados Unidos haya actuado para Alejandra en un principio como un tranquilizante o una compensación consoladora ante la evidente ansiedad que este viaje le causaba.

64. Octavio Paz se encontraba entonces en Cambridge, donde preparaba las prestigiosas Norton Elliot lectures en Harvard. Tuve ocasión de conocerlo entonces y recuerdo haber hablado con él del primer libro de Carlos Castaneda, cuya lectura hacía furor en Cambridge, *The Teachings of Don Juan* —que él aún no conocía, y para el cual escribió después el prólogo de la edición española. También hablamos de Chomsky, con quien me dijo que había cenado en una ocasión y cuya exclusiva preferencia por Stevenson dentro de la poesía inglesa lo había decepcionado.

Noam Chomsky era —y es— la figura más importante del Departamento de Lingüística en MIT, por ser el creador de la teoría lingüística generativa, una de las mayores revoluciones científicas de este siglo. Octavio Paz se había interesado por el estructuralismo, como lo demuestra *El festín de Esopo* y *El mono gramático* y se interesaba también por los nuevos avatares representados por Chomsky, si bien la escuela generativa estaba sellada por un fuerte sesgo antiestructuralista.

No es raro entonces que Paz incluyera una referencia a Chomsky en su comentario a Mallarmé, ya que las circunstancias lo inclinaban a incorporarlo a su diálogo mental —aun cuando sus personalidades no podían ser, por cierto, más diferentes.

Probablemente Alejandra sabía de la presencia de Paz en Cambridge. Paz había prologado espléndidamente su *Arbol de Diana* (1962), según él, "un libro que no contiene una sola partícula de mentira", y Alejandra y él eran amigos desde Francia. Esta mención de Alejandra era acaso una manera discreta de averiguar si yo me encontraba en contacto con él, como era el caso. Aun cuando alguna vez sostuvimos una discusión bastante violenta, en una cena en su casa, acerca de los Tupamaros, Paz me trató siempre con su acostumbrada y señorial gentileza.

Como acotación personal, recuerdo que, curiosamente, fue estando en Miramar en 1965, con Alejandra, cuando decidí que me interesaría trabajar con Chomsky, a quien conocí por primera vez a fines de 1968 y quien fue asesor de mi tesis, terminada en 1974. Fue una mañana en la playa, en que Alejandra me leía el memorable poema de Vallejo:

> "se dirá que tenemos
>
> en uno de los ojos mucha pena
>
> y en otro de los ojos mucha pena."

Por mi parte, yo leía en una fotocopia —las letras blancas sobre fondo negro bajo el sol de Miramar titilaban enceguecedoras:

> "El objeto de la lingüística es explicar cómo un niño de seis años ha podido internalizar la gramática de una lengua natural y la domina a la perfección".

Esta frase me pareció una revelación porque formulaba con exactitud la pregunta central de lo que yo entendía debía ser la lingüística. Como lo demostraría más tarde la experiencia, el programa de estudios que encontré en MIT, el baluarte de Chomsky, poco tenía que ver con esta afirmación —pero ésta es otra historia. (Acaso la moraleja íntima es que hubiera debido escuchar mejor a Vallejo y a Alejandra esa mañana.)

XVII

He resaltado aquí y lo haré en cartas siguientes, aquellos pasajes que encontré subrayados por Alejandra en mis cartas.

DE BORDELOIS A PIZARNIK

12 de noviembre

Querida Alejandrusca:

Qué bueno sería compartir un té contigo —te dije que aun aquí encontré amigos que me regalaron un té de jazmín?— y la muy hermosa y melancólica protesta de Vivaldi en esta noche de noviembre, tan temprana y lluviosa en estas latitudes.

La niña que cae en un colchón me hizo inevitablemente recordar a Alicia —lo primero que hice en N. York fue comprar el libro con el manuscrito de Carroll que tanto te envidié. Ahora me acompaña, me fascina y me aterra. Carroll me es muy necesario porque es alguien que sabía *a la vez* lo que son los sueños, las palabras y los números y no lo olvidaba nunca, ni sacrificó ninguna de las partes al extraño y maravilloso todo en que vivían.

Lo que hacen los americanos con las palabras: a veces me pregunto lo que te parecería. Un juego violentísimo y muy rápido del que salen oraciones y oraciones; lo que importa es la velocidad y el ajuste de la máquina y nunca o casi nunca qu'est-ce que ça veut dire[65]. Con mi espíritu dialéctico puedo decirte que pienso que este revés de la trama con el que me veo enfrentada no me parece perverso y creo que puede dar "par raccroc" cierta extraña luz sobre lo que ocurre en el fondo; supongo que sin esta esperanza no hubiera podido sobrevivir a esta selva de números y operaciones algebraicas que se han abatido sobre mí súbitamente.

De Octavio supe que había renunciado a su embajada en la India luego del problema de los estudiantes. ¿Sabes si vuelve a París?

Me han apenado mucho las separaciones de los Porrúa y los Cortázar —tan siniestramente simultáneas— es el tipo de acontecimiento que forma parte del "noyau infracassable de nuit" que me deja sin palabras.

Del espacio actual ¿qué decirte? Una ciudadela de acero purísimo que disuelve a los árboles y hasta el río cerca. A Dios gracias, se pueden ver *caras* a menudo, y cosas como encontrar Swedenborg en la biblioteca de mis compañeros, el que mi profesor de matemáticas esté fabricándose su propio clavecín y el que Chomsky abrevie alguna de sus clases para dar una conferencia contra la guerra del Vietnam, *dicen que aquí también pueden vivir la poesía, la libertad y muchas de las cosas indispensables para la vida.*

Los papeles y las librerías son muy hermosos y te fascinarían por su abundancia, su riqueza y sobre todo porque las gentes y el espíritu de donde proceden parecen ser completamente catacumbales en esta sociedad donde ese tipo de sutileza que se necesita para hacer buenas papelerías y librerías no aparece para nada en el trato corriente, ni en la vida en general. Si quisieras merecer alguna prueba de esta calidad de hermosura de la que te hablo podrías recordar que ha dos años débesme correspondiente regalito de onomástico, de tal manera que *un doble envío de poemas absolutamente originales tanto en su diagramación como en su inspiración podría aliviar tu deseo y llenaría de gozo y ternura el alma de tu no por lejana menos afectuosa amiguita Ivonne*

65. "Qué quiere decir esto" —pregunta clásica que se formulaba Mallarmé ante cada palabra poética, y que era una divisa para Alejandra.

XVIII
BUENOS AIRES, 1/12/68

Querida Ivoncita:

Tu carta tan preciosa (en el alto sentido de esta palabra para muñecas) me dio nostalgia retroactiva. ¿Por qué no hicimos lo que nos habíamos propuesto: una novela a cuatro manos? Pero habrá un tiempo para ella, estoy segura y a la vez deseosa. Por otra parte, tu reciente e intensa amistad con L. Carroll[66] es un signo luminoso (rosa, verde, rojo y aquel dorado) de que no temés ser del todo la que ya sos: una erudita inseparable de un poeta, tal como L. C. y unos pocos más. Tratá de leer del mismo **La caza del Snark**. Es otra cosa; es lo otro, lo que nunca leímos antes ni después. Pero a propósito de libros: acaba de ver la luz el mío, "Extracción de la piedra de la locura"[67]. No sabría decirte nada

Dibujo en tinta.

Alejandra en una
de sus últimas fotos.

"Ni luz
ni sombra.
Una inocencia
total."

para Ivonne
con talante, albedrío
y trascendencia
de su poeta preferida
Alejandra

de él salvo que algunos fragmentos desafían a Pascal en el sentido de que fueron escritos en esos instantes en que escribir es sinónimo de lo imposible.

No obstante, creo que este libro cierra una puerta (y abre otra, naturalmente). Nunca más escribiré sus textos anonadados y alucinados. ¿Lamentarlo? No, afronto los cambios y sus temibles consecuencias. En cuanto al "físico" del librejo, te encantará[68]. Te lo envío mañana (por barco, disculpáme pero mon maître à phinances...)

Y como es muy tarde, postergo algunas cosas "subjetivas" que quería confiarte a fin de solicitar tu consejo y colaboración (no te haré trabajar, no te asustes).

Pienso en Nueva York, en los hoteles, y en aquello que me dijiste acerca de la posibilidad de alquilar un departamento (o un cuarto) en tus comarcas de Harvard[69]. El resultado es: **no quiero vivir en N. York sino en tus pagos**, cerca de árboles y lugares silenciosos.

Allí estaría 1 mes y 1/2 , o 2 meses, o —si la Guggenheim lo exige— 3 0 4 meses (la duración de mi estadía es imposible de conocer desde B. Aires).

Ahora bien: ¿el mero hecho de ser becaria y autora de 6 librejos me permitirá instalarme, cual Fray Luis, a la sombra de lo verde y lo callado? Es esto lo que te pido que me averigües. Además: precios y decirme cuántas horas de tren u ómnibus hay entre Harvard y N. York (donde deberé presentarme ante los Gugggs). Si andás ocupada, bastará consultarlo con Anderson Imbert y Sra., que me estiman[70].

No lograría, en una página, explicarte por qué quiero un lugar tranquilo. Basta con decirte que lo **necesito**. Vislumbro un modo de trabajar el poema que no exige, forzosamente, el confrontamiento con la locura y la muerte[71]. Nada más alejado de mi intención que querer esquivar estos extremos, pero no hay por qué ser monótona, ni siquiera en materia de absoluto. En la próxima te enviaré poemas "originados tanto en su imaginación como en su diagramación" (esta última debe nacer —vuelta a Kandinsky— de "la más pura necesidad interior"; y puesto que la diagramación es un ordenamiento del espacio, yo pregunto cómo ordenar lo que no se está segura de tener —acordate mi obsesión de la **errancia**, etc.).

¡Albricias y felicísimo onomástico! Te dedicaré mi cuentito más bueno y más sonriente (acaso "La conversadera"). Entretanto va el librejo y el enormísimo cariño de tu amiguita

Alejandra

P.S.

Me convendría saber pronto mi probable paradero: Harvard o N. York. Si no es molestia, 'sta chica, etc, etc, 1000 gracias.

66. En Cambridge pude comprar, por un precio acorde a mis modestas finanzas de estudiante, una preciosa edición facsímil de *Alice in Wonderland,* con la reproducción del nítido manuscrito y los dibujos —algunas veces aterradores— de Lewis Carroll. El libro remata, además, con una maravillosa foto de la niña que inspiró este libro, Alice Liddell. Aún cuando yo me había resistido por cierto tiempo a este tipo de literatura fantástica, me arrastraron a la lectura de L. Carroll la admiración y el fervor demostrados por Alejandra y por Alberto Coffa —un brillante y modesto filósofo argentino, gran amigo mío, hoy fallecido, que se doctoraba por entonces en Illinois y con quien mantuve siempre una gran amistad. Muchas de las invitaciones a lecturas por parte de Alejandra tuvieron este carácter que yo llamaría salvífico para mí.

67. Sudamericana, Buenos Aires, 1968. Como lo he contado en otras ocasiones, el título del "librejo" se relaciona con un curioso episodio. Hacia 1967, esto es, antes de mi partida a los Estados Unidos, había yo tomado en préstamo de la Bi-

blioteca del Instituto de Lingüística de la UBA, donde trabajaba como asistente, un libro en el que un misionero español describía una de nuestras lenguas indígenas; este libro llevaba el mismo título, "Extracción de la Piedra de la Locura". Se trataba de la descripción un ritual primitivo exorcizante, de particular hermosura, y la versión era bilingüe.

Obviamente, el misionero que así tituló el libro hubo de tener presente el cuadro de Bosch, al que debe haber asimilado la naturaleza mágica del ritual; pero lo interesante es que a través de este ecléctico e inesperado modelo llegase a Alejandra. En efecto, apenas tuve la imprudencia de comentar a Alejandra mi fascinante lectura, me arrebató el libro y sólo luego de muchas súplicas mías y fatigosas instancias por parte de la Biblioteca del Instituto, logré que me lo devolviera para poder devolverlo yo misma.

68. Efectivamente, junto *Los trabajos y las noches,* cuya tapa fue diseñada por Roberto Aizenberg, uno de nuestros grandes pintores surrealistas, ésta es, a mi juicio, y a pesar de la modestia del papel, la más lograda de las presentaciones visuales de un libro de Alejandra. Se ha omitido, lamentablemente, el nombre del responsable del diseño. El libro, hoy agotado, cuyos ejemplares se venden a cientos de dólares en las librerías de viejo, lleva una nota de contratapa de André Pieyre de Mandiargues que dice así:

"Releo con frecuencia tus poemas y los doy a leer a otros y les tengo amor. Son lindos animales un poco crueles, un poco neurasténicos y tiernos; son lindísimos animales: hay que alimentarlos y mimarlos; son preciosas fierecillas cubiertas de piel, quizá una especie de chinchillas; hay que darles sangre de lujo y caricias. Tengo amor a tus poemas; querría que hiciera muchos y que tus poemas difundieran por todas partes el amor y el terror."

Significativamente, Alejandra ha dedicado este libro a su madre.

69. Sobre Enrique Anderson Imbert, crítico y cuentista de renombre, profesor por ese entonces de Literatura Latinoamericana en Harvard, donde se había exiliado, escribió Alejandra una nota en *Sur* 306, 1967 : "Sabios y Poetas", referida a *El Gato de Cheshire,* un libro de cuentos de este autor.

70. Estas palabras, y las que le siguen, resultan particularmente estremecedoras si se tiene en cuenta que no mucho después del viaje que la llevaría de New

York a París y de París a Buenos Aires, Alejandra se vería confrontada precisamente con los poderes de locura y de la muerte, que aquí trata de conjurar.

XIX
De Bordelois a Pizarnik
Sin fecha

Querida Alejandrusca:

No, no me he perdido y acá estoy releyéndote y añorando tu cuentito en "el cielo" —lindísmo nombre— y sobre todo tu misteriosa obrita. Ya anduve de cacería por tu cuaderno, se me explicó que era una casa sin vidrieras —desde luego— cerca de una iglesia, etc. etc., fui y dentro de poco llegarán. (Había unos grandes también muy lindos, pero tuve la impresión de que interrumpir tanto blanco ya era demasiado.) Te escribo rodeada de mis amigos de la mañana, Julieta, la muñeca de trapo que robé de una tienduca cerca del mar —en este país donde todos son alaridos para que consumas, la tentación de robar en cambio se vuelve invencible— también robé una hermosa edición de Los Heraldos Negros de Vallejo y me quedé clavada en esta frase tan del Alma que canta (entre paréntesis qué título: "El alma que canta"):

"Esta tarde llueve como nunca y no
tengo ganas de vivir, corazón."

donde la inflexibilidad de la colocación del no es realmente sobrecogedora. Lo que entreleí de Sarduy me pareció papelesco, polvoriento y ni siquiera verdaderamente inteligente; puede ser que tenga oficio pero es ese oficio con etimología común con oficina.

Estados Unidos tiene de bueno que como actúa como

un gran secador que te hace detectar enseguida —y en cierto modo aborrecer— las cosas secas que quieren pasar por vitales: en Sarduy veo todo el tiempo un homosexual crispado por hacerse olvidar o perdonar —a través de otras cosas que al final resultan visajes o guiños— en fin, perdoname el diagnóstico tal vez apresurado, pero es de esos escritores con los cuales no puedo permanecer más de una carilla, y me encuentro en una suerte de malentendido visceral con él.

Los otros amigos son Benedict, un gato atigrado cuya inefabilidad resulta una hermosa y permanente provocación, y un móvil japonés consistente en cinco círculos concéntricos que atenta eficazmente contra mi propensión a la lectura desde que lo coloqué de tal modo que se lo puede ver girar maravillosamente desde la cama. En fin, ya ves que tu amiguita no está demasiado sola, y por motivos burocráticos que sería arduo especificar, se anuncia un año de trabajo más descansado y "gratificante", con posibilidades, por lo tanto, de paz y libertad para incursionar en quelque ailleurs caché de algún lado de este desnudo país. Entre otras cosas, me renovaron la beca, y acaso pueda dar un salto a Buenos Aires entre enero y febrero. He escrito algunas pequeñas cositas y reincidí en las elegías de Duino —entre paréntesis, qué piensas de la teoría de las amantes— tal como está en la 3a. elegía, por ejemplo —qué curiosa historia ésta por la cual el deseo se vuelve el "apanage" masculino exclusivo— cuánto extraño nuestras viejas "conversas".

Un abrazo y no te olvides de la desterrada —pero hubo alguna vez una tierra?

Ivonne

Diario (1960-1961)

1 de Noviembre.-
Falta mi vida, falto a mi vida, me fui con ese rostro que no encuentro, que no recuerdo.
...
13 de enero.-Soñé con estos versos: "ô saisons, ô chateaux
                                        quel âme est sans défaut"

1 de marzo. (1961)
   Todo lo que digo y hago es para afirmar una continuidad de mi ser, la existencia de un lenguaje y un pensamiento propios. Pero yo habito el miedo, yo
estoy suspendida del silencio. El remordimiento de no haber hecho algo por com-
prenderlo. Oli...

publicado en la ... ...-Nov-Dic.1961 y
Enero-Febrero 1...

diario inédito (
24 de febrero.- ... ...s palabras. Como
no tengo cosas, ...les realidad, las
  nombro y creo ... ...osa nombrada se
  esfuma; es la ... ...con escribir
poemas-objetos. ... ...ie de materialismo
dentro del sueñ... ...o no tenía conciencia de esto).

22 de febrero.- ... ...cia. Mi condena.
Pedir que la re...

   Las palabras ... ..."muerte propia"
en mí hay una s... ...ndo el lenguaje
y es lo único q... ...o poseer una
enfermedad o se... ...encuentro porque
la enferma luch... ...ce lo mismo. ......
.....Este silen... ...go en su estado
más puro.
   8 de enero.- ... ...señalar las
cosas exclu... ...e Ovale Reverdy
dice yo y s... ...mparas apagadas
y de persia... ...de fe. Nada
más desolador que un poema que señala las cosas en lo que tienen de mudas
e inertes.La poesía, entonces, se convierte en un juego, en una búsqueda
de palabras bellas que no xxi signifiquen (y aquí pienso en Góngora). Cuando el poeta no se enuncia ni se erige para celebrar o maldecir aparece el
silencio de la desesperación pura, de la espera sin desenlace. Y sin
embargo, es también canto, es voz, es decir en vez de no. Es aún una
prueba de fe. La última.
                    ....
Carta de C.C.: "La vie se retire parfois comme une vague; et il faut résister à la mauvaise inspiration de collectionner les coquillages.

   ...cette fuite desespérée vers "ce que vous ne voulez pas dire" est une
fuite à l'envers, comme ces fuites d'amour qui sont des chasses.En princip·

Alejandra e Ivonne en el Jardín Botánico.

XX

DOMINGO 16, MEDIANOCHE

Chère et admirée Ivonne A., "dentro de poco llegarán", dijiste en tu última cartuja haciendo referencia al objeto CUADERNO. Yo no sé, yo no soy el príncipe Hamlet, nunca lo quise ser, de modo que me abstengo y pido el silencio —silencio que te hará mandar cualquier lindo cuaderno en tanto espero la llegada del Magnífico. ¿No me aleccionaste tanto con acceder a la mediación? Alors, un cuadernúsculo para tu discipulita (obvio agregar que el apuro es fingido; es para asustarte).

Tengo una muñeca nueva que se llama Lytwyn; no sé por qué es un poco rara.

D' accord con la tentación del robo, si bien a mí no me pasó en U.S.A. —nada quise extraer ni sustraer de ese país mal nacido y peor desarrollado. Sí, LOS HERALDOS NEGROS tienen versos y estrofas y aún poemas enteros muy preciosos. A la vez, hay un rayar con la uña en el pizarrón, me refiero a ese elegir la palabra más fea, la casi inhallable de tan fea.

D' accord con el caso Sarduy. A duras penas terminé DE DONDE SON... etc. Me parece un vivo porteño disfrazado de cubano-francés. "Vivo" porque hace un collage con todos los hechos y nombres que dilatan el presente —su insistencia con Lacan, par ex., un psicoanalista tan olvidado tantos años. En fin, te confieso que cuando quiero respirar bien debo apelar a Kafka, a Michaux, y a los Grandes que, según parece, no dejaron sucesores. (...)

Me enamoré de tu gato pero muchísimo más del móvil japonés, que no se encela ni hace pipí en la recepción. Ay de mí si no me avisás a tiempo cuando regresás de modo de que yo te mande dólares (los verdes —como le oí a un sujeto muy reo) y vos, si no es lejos ni pesado, me comprás **El Japonés Inmóvil**, título de nuestra próxima novela. Ojalá saltés hacia aquí en enero-febrero; pero avisame antes por favor.

Pasar del japonés inmóvil a la teoría de los amantes que manifiesta la 3a. Elegía de Duino es un tantico difícil. La verdad, debería releer al gran, gran Rilke. Creo recordar su admiración por las que se consumen en un amor no correspondido —por decirlo así. O sea: por las que afrontan la ausencia y en vez de llorar o resignarse, aman soberanamente a un OTRO que está ausente. Estéticamente, me suscribo; sin embargo, un poquito de desconfianza no viene mal y es entonces cuando me sublevo contra tanto martirizarse al divino etc. Enfin, creo que no hay suscripción posible a ninguna teoría. El amor y / o la terrible ausencia caen y se desvanecen como la lluvia. No se trata de entregarse al azar pero ni el amor ni la poesía ni la muerte se relacionan con la voluntad a favor o en contra. Por mi parte, no dejo de vincularme por muy poco tiempo a algún OTRO pero lo hago partiendo de la no-esperanza ni, mucho menos, espera. Quiero decir, me siento mejor que hace unos meses, me peino, me baño, me dicen que soy linda, etc. Sin embargo, no me vincularé amorosamente con nadie. Claro es que lo deseo pero por otra parte me fui demasiado lejos en la zona de la soledad mortal (no hago literatura! por favor!) y creo que no existe el regreso. Pero ya hablaremos con más extensión (siento que hice un resumen incomprensible). Bueno, unos jóvenes "vanguardistas" de Barcelona publicaron una preciosa plaquette con poemas míos[71]... Apenas lleguen los ejemplares te mando uno. Y vos, ¿escribís?

¿Es buen mozo Jakobson? Hasta prontísimo, y ojo con los ángeles. Muchos besos tiernos de tu

Alejandra

PS

Por desgracia no encuentro la carta que me mandó Bonnefoy como respuesta a mi envío de mi libro. Lo esencial es su verdadera **euforia** por la para él valiosa traducción (la revisó el año pasado con Octavio, en la India). Ese párrafo se dirige a nosotras dos y es halagador, además de exquisito.

71. Se trata de *Nombres y figuras,* editado por La Esquina, en Barcelona, que se subdivide en *Figuras del presentimiento* y *Figuras de la ausencia,* reproducido luego en sus *Obras Completas,* Corregidor, 1993, a cargo de Cristina Piña.

XXI
DE BORDELOIS A PIZĀRNIK[72]
SIN FECHA

Querida Alejandrusca:

Gracias por recordarme que alguna vez, si no llegué a ser poeta, escribí algo sobre alguien que ronda no lejos de la poesía. Esta certera afirmación tuya siempre conduce a iluminar las injustamente olvidadas zonas de uno, y a recuperarse por la misericordia. Había además una herrata en el texto que me hizo mucho sonreír. Qué raro es que lo citen a uno, siempre parece otro —como con las fotos— y por eso la errata no es más que una corroboración de la ajenidad. Como ves tu amiguita deriva hacia la esquizofrenia pero no pierdas la esperanza de recobrarla Una alguna vez, después de tantas cosas inolvidables que habrá que atravesar todavía. Hurra por el libro! Serás capaz de mandármelo? Gracias mil. Y una carta? Mucho la preciso

Ivonne

72. Esta carta se refiere a un recorte de la revista mexicana *Diálogos,* en donde aparecía un comentario sobre mi libro *Ricardo Güiraldes, genio y figura,* nota que me había enviado Alejandra y que por el momento he extraviado entre mis papeles —de modo que no puedo recuperar la "herrata" a la que aludo aquí.

XXIII
DE BORDELOIS A PIZARNIK

Querida Alejandrusca:

Sí, soy un monstruo irremisible! Como decía Carlitos, nada peor que la alienación, y de alienación está saturada tu amiguita por aquí.

Te digo:

Harvard puede ser un hermoso "vivir quiero conmigo". Hay árboles, ríos, gentes hermosas y extrañas. Algo de pueblo —pero no pueblerino— algo de Quartier Latin. Tus rentas te permiten elegir un bello apartamento por los alrededores. Podrías tomar una habitación por una semana en mi residencia (5 dólares diarios —los huéspedes tienen límite de residencia) y desde allí lanzarte a buscar aposentos, que los encontrarás. Todo es posible.

Espero tu libro con impaciencia y devoción. Aquí me entretuve entre un teorema y otro con el amigo Garcilaso, al cual dediqué un himno a propósito de la irremediable hermosura de:

"Marchitará la rosa el viento helado"

todo lo cual solazó un tanto mi almita aterida de ecuaciones.

Pezzoni dice que ingratamente acaso planearías New York. Es cierto? Son cinco horas de ómnibus a Harvard.

271

(Entre 150-250 dólares puedes conseguir un palacete aquí). Ah, y vendrá el Yves, según dicen, uno de estos días. Así que piénsalo, amiga mía, piénsalo con el corazón. Te abraza

Ivonne

P.D. : Rends-moi donc le Pausilippe et la mer d' Italie!

XXIV

Buenos Aires, le 47 février[73]

Querida amiguita Ivonne I:

Tu frase ¿es una frase? y si sí, ¿por qué? —"soy un monstruo irresistible"[74] es muy profunda y —como diría X, "preñada de consecuencias" (ignoro dónde y si alguna vez lo dijo).

Quiero decir: lo principal, aquí en tu frase inmarcesible, es el adjetivo, 'sta chica. Y bueno, luego de pensar en esto di en pensar que yo también soy un monstruo irresistible y bajé la mirada porque no está bien esto de engordar de contento de sí misma. Y basta, monstruito irresistible.

¿Quién no ha soñado con un lugar como el Harvard que me describiste? Silencio, árboles, ríos, "algo de pueblo", sin duda rostros arrebatados por el archimisterio de la creación o del estudio, casas que son moradas para que el cuerpo no se sienta a mil millas del espíritu que tanto necesita la no-escisión... En suma, la noticia de que tu residencia acepta huéspedes a 5 ds. por semana y por un tiempo limitado que a mí me alcanza, me provoca decisiones rápidas. He decidido, pues, compartir mi temporada norteamericana entre New York y Harvard. El proyecto —oh sartrecillo— que intenté esbozar es elemental pero te lo confío pues estoy orgullosa de haber podido proyectar algo que se despliega en la soi-disante realidad. Helo aquí:

1/ Tomo muerta de miedo el avión el dos de mayo en Ezeiza a las 23.30 (creo que, o será seguro, que se tratará de un avión de Panamerican)

2/ llego muerta de miedo al aeropuerto de N. York; entro en un taxi y digo: "I'm looking for an hotel". Entonces le muestro las cuatro direcciones que me dieron la Bastos, el querido Enrique, el Murena y no sé quién más.

3/ Supongamos que, a pesar de las direcciones incontestables, se interponga la realidad en estado bruto; supongamos que hay una Convención de Hacedores de Pantuflas; en ese caso me responderán cuatro veces: "I 'a pas pas de chambre, mam'zelle"[75].

4 - (zás —empezó a cantar Marlene! Cómo sensualiza la noche! cómo finge no tener ganas de cantar para mejor asir al desprevenido escucha! Cuánto miente en las canciones en que la víctima del amorío es ella con su cara de abandonadora!)

5 - recordarás mi hora de salida - sabrás que llegué a niú yór a las 7.30 —el mundo está loco con estos horarios—; recordarás que ya fui a los hoteles no exentos de coleópteros, según informes; recordarás que la Convención ocupó todos los hoteles, y yo no tengo adonde ir y pienso en el término "errancia". Entonces subo de nuevo al paxi (sic) y le ordeno conducirme a la YWCA o Asociación Cristiana de jóvenes, residencial sin coleópteros y decente si los hay. Esta curiosa iniciativa viene de Graciela Concado, muchacha residente en niú york, quien vino ayer a decirme que no me deje asaltar ni violar y demás recomendaciones útiles para no resfriarse. Graciela nombró el "Kaufman Hall" como posibilidad igual al

YWCA. Es lo mismo pero en vez de haber sido fundada por cristianos ricos la fundaron judíos ricos. Claro que ni en una ni en otra te piden ceremonial religioso. Y si me lo pidiera...

¿Qué me hace echarme una crisis de misticismo en unos pocos minutos? Pero algo me dice que los de la YWCA me estimarán más que los de la Kaufman, los cuales me gustan por la primera sílaba evocadora de Kafka. En fin, ya son las 8.30 y no sé si conseguí hospedaje.

6 - Supongamos que ya conseguí dónde yacer. Me echo a dormir, luego corro al museo d'art mod y miro **la bohemienne endormie**[76] de este chico Rousseau y me voy a la camita.

9[77] - Al día siguiente despierto fresca (si el insomnio no, etc.) y me presento chez les Guggenheims, los cuales me enviarán al banco donde tendré que ir con alguien[78] —acaso la chica Concado, tan gentil— pues parece que esos bestias hablan inglés. En un momento del día busco tu número telefónico (podés mandarlo que no provoca hernia) y te llamo y me contento y me alegro como enormísima cronopia al oír tu voz.

10 - A la semana, o sea el 10 de marzo, tomo el bus para Harvard y me instalo una semana en tu residencia. Te veré pasar corriendo por la ventana, pues no pienso moverme demasiado; quiero travallar. A la noche nos juntaremos y hablaremos de phoesía como se debe, es decir, como dos espías.

11 - En el lapso de esa semana, buscaría algún aposento dulce y tranquilo en el cual me quedaría dos semanas aproximadamente. En total, acabo de planificar un lapso de un mes.

12 - Ahora bien, el día 3 o el de mi llegada, puede ser que no consiga hotel ni YWCA ni Kaufman ni nada,

solo vanidad de vanidades y al polvo iremos. Entonces, con o sin previa llamada telefónica, tomo el ómnibus para Harvard, de manera de tener dónde dormir. De esta suerte, la semanita en niú york ocurriría al final del lapso de un mes y no al principio como yo quiero para sacármela de encima.

✳ ✳ ✳

Un inmoralista diría que todo es perdonable salvo el aburrimiento. Yo digo que vos y yo somos personalidades éticas, amén de estéticas. Por lo tanto, me he animado a aburrirte con mi aburridísimo itinerario capaz de hacer dormir a Gekrepten.

A qué no sabe lo que tiene la gorda? Un nuevo cuadernito parecido al verdecito de los poemas[79]. El de ahora es blanco y gordo y tiene cosas que te embelesarán. Lo llevaré, lo llevaré. Acabo de anotar tu preciosísimo MARCHITARA LA ROSA EL VIENTO HELADO[80] culla magia, a mi humilde ver, se halla en el empleo del tiempo futuro del verbo. Así aparece como lo que es: un verso de auténtico profeta o de poeta vidente. Imaginalo en pasado y verás como tengo razón (pero qué importa tenerla!).

¿Recibiste mi librito que te mandé esmeradamente?[81]. Mi librito funesto y pobrecito —está tan denso de muerte. Siento que con él terminé con un estilo o lo que se llame. Pero necesité escribirlo, palabra por palabra lo compuse combinando vértigos y sensaciones inefables. Ahora no puedo releerlo. La figura se ha cerrado. (Acabo de leer en Quevedo: "si no me quejo, no existo". Es curioso: la frase hace sonreír).

Los ves a los Anderson Imbert y a Raimundo Lida?[82]

Yo no conozco a Lida más que por un ensayo que me importó mucho, leído hace 10 anios.

Hay buenos mozos sin anteojos en Harvard? Nada tengo contra los anteojos pero uno de los dos tiene que no usarlos (en mi caso).

Contame tus cogitaciones acerca de mis planes e itinerarios y apurate a corregir allí donde veas erratas[83]. Como ves, los he pensado con el corazón. Tuya con un abrazo,

Alejandra

73. En la entrada de su diario correspondiente al 25 de julio de 1968, publicada por Graziano en "Alejandra Pizarnik: A Profile", Alejandra anota con alborozo la obtención de la beca Guggenheim, un honor que atestiguaba la relevancia de su carrera poética sin respaldo ninguno de actuaciones académicas:

"Mi euforia por el aspecto económico del asunto, es decir: hablar de millones con mi madre sabiendo que esta enorme cantidad de dinero se debe a mi trabajo como poeta. En efecto, es como si algo como el destino me ayudara a enfrentar mi destino como poeta. Cada año de mi vida, cada sufrimiento, cada día de trabajo en soledad total, todo parece una conjuración o una asamblea benevolente cuyo objeto fuera confirmar mi destino (no elegido sino más bien fatalmente impuesto) como poeta."

Todo el tono de esta carta, escrita siete meses después del otorgamiento de la beca, revela la ambivalencia, sino terror, que le producía la perspectiva de embarcarse sola hacia NY. La ceremonia de visita a los representantes de la Guggenheim, con posterior incursión bancaria, parece curiosa: en mi experiencia como becaria de la Guggenheim, ninguna visita oficial es necesaria, y los asuntos financieros se arreglan epistolarmente. A los treinta y dos años, Alejandra sucumbe a la ansiedad ante trámites relativamente triviales, como los de reservar un hotel en NY con anterioridad.

La carta, antes que un proyecto, parece algo así como un voto de confianza en amistades tranquilizantes y serviciales, con quienes se pudiera hablar de poesía y anestesiar las ansiedades concomitantes al desplazamiento en un lugar muy ajeno a los intereses de Alejandra. A lo largo de todo el texto, Alejandra confunde las dos poderosas universidades de Cambridge: Harvard —institución más tradicional y aristocrática— y MIT (Massachusettss Institute of Technology), más técnica, moderna y funcional, donde yo en esa fecha preparaba mi doctorado en Lingüística. A pesar de mis esfuerzos, Alejandra nunca pudo distinguirlas, y naturalmente, me asignó la más romántica, antigua y prosopopéyica —según sus tendencias estéticas. En el campus de MIT, donde yo residía por entonces, se ofrecían ciertas posibilidades de hospedaje a huéspedes que no se extralimitaran más allá de un cierto número de días —y que por cierto representaban algo más que los cinco dólares semanales que menciona Alejandra.

74. De hecho, como consta en mi carta anterior, yo había escrito "Soy un monstruo *irremisible*". Mi caligrafía y las artes interpretativas de Alejandra parecen haber hecho el resto.

75. "No hay habitación, señorita".

76. Este cuadro del Aduanero Rousseau fascinaba a Alejandra, que lo evoca —a mi entender— en *Arbol de Diana*, cf. nota 19. Véase su entrevista con Moia, mencionada en las referencias a su correspondencia con Beneyto, en este volumen.

77. La razón de saltar Alejandra del 6 al 9 en esta enumeración es que el 6, por imperfección tipográfica, parece confundirse con un 8 —es decir, no hay aquí un corte de texto, sino una simple distracción en la lectura por parte de Alejandra.

78. El terror que le producían a Alejandra este tipo de trámites era irrefrenable; consideraba a los bancos —con razón— como monumentos letales o funerarios, y era necesario acompañarla en estas ocasiones. Ver mi testimonio en la biografía de Cristina Piña, p. 82.

79. El cuaderno verde, que por suerte y privilegio especial conservo, era un cuaderno —entre varios— de citas que Alejandra copiaba con su aplicada letra de colegiala, insertando a veces recortes de diarios, imágenes, dibujos y otras amenidades. Allí aparecen mezcladas citas de E. E. Cummings y de Quevedo, del Cancionero Medioeval y de Artaud, de Rutebeuf y de Eluard. De estas lecturas hay huellas en toda la poesía y la poética de Pizarnik, aunque totalmente transfiguradas en su estilo inimitable. Queda por realizar, como lo sugiero en el Prólogo, un estudio de Pizarnik como lectora, que debería comenzar por los subrayados de los libros de su biblioteca y extenderse a estos interesantes testimonios de su admiración y feroz

exigencia literaria, para culminar en los muy interesantes estudios críticos que nos ha dejado y que no han sido aún reunidos ni citados en su totalidad.

80. En mi primer semestre en MIT tuve el privilegio de tomar un seminario de Poética con Roman Jakobson, que enseñaba en Harvard pero cuyo curso se encontraba incorporado temporariamente al curriculum de MIT. Como tema de trabajo elegí el famoso soneto de Garcilaso, "En tanto que de rosa y azucena", cuyo último terceto comienza con el verso que cita Alejandra. Este verso siempre ha despertado mi fascinación, no sólo por el futuro verbal elegido por Garcilaso, sino por el muy especial y siniestro efecto de velocidad que logran los acentos rítmicos en este endecasílabo de cesura excepcional. En el estudio que escribí al respecto me guió generosamente Raimundo Lida, que enseñaba por entonces en el Departamento de Literatura Española en Harvard. He hablado de este inspirador encuentro en Memorabilia, un artículo publicado el Homenaje a Raimundo Lida, *Sur,* 1984.

81. El libro es *Extracción de la piedra de la locura,* publicado por Sudamericana en 1969. Ver nota (67).

82. Como he dicho más arriba, tenía yo contacto con Raimundo Lida y su mujer, Denah, profesora en la Universidad de Brandeis. También conocí entre otros, gracias a la gentileza proverbial de Juan Marichal, director del Departamento de Literatura Española en Harvard y de su mujer, Solita Salinas, quienes solían hacer reuniones en su casa de Cambridge, a Jorge Guillén, el célebre poeta español, a Enrique Anderson Imbert, exiliado políticamente, profesor en el Departamento ya citado, y a su mujer, Margot, que se desempeñaba como Bibliotecaria en la sección hispanoamericana de Widener, la célebre biblioteca de Harvard.

83. Considerando la fecha de esta correspondencia, esta carta debe haberme sumido en considerables inquietudes. Para fines de 1969 debían rendirse en el Departamento de Lingüística de MIT —el más prestigioso en los Estados Unidos, dada la presencia de Noam Chomsky en su plantel profesoral— los exámenes llamados Generals, que requerían una extensa e intensa preparación previa y de los cuales dependía la venia oficial para comenzar a escribir la tesis de Doctorado. Estos exámenes eran temibles por su grado de exigencia casi inhumana. El que Alejandra se anunciara precisamente en esa fecha era algo así como un terremoto en la existencia forzosamente alienada que llevaba yo entonces. Dado el grado casi patológico de dependencia que Alejandra exhibía en materias prácticas y cotidianas, al que

todos estábamos habituados en Buenos Aires, el anuncio de una visita que acaso se prolongaría por cerca de un mes no podía ser más infausto en estas circunstancias, a pesar del indudable oasis que representaría nuestro reencuentro. Afortunadamente, los planes de Alejandra cambiaron de rumbo, como se verá en las cartas que siguen, y su visita a los Estados Unidos, como la inmediatamente posterior a París, se redujo a un mínimo indispensable.

XXV
DE BORDELOIS A PIZARNIK
SIN FECHA

Querida Alejandra:

Yo quería decir "irremisible".

No sé qué pensará tío Sigmundo pero tu carta me ha dejado muy preocupada. O acaso sean un mero (mero muro) error de interpretación ortográfica —estilística— estilográfica. Tu plan me ha dejado faxinada, así bien por el ajuste cronológico como tanto por la sensatez específica. Hay un pequeño herror deslizado y es que la residencia aquí es 5 dólares por día, con probabilidades de que puedas estar una semana (acaso algo más! No se sabe.) 5 dólares por día es barato en EEUU; es el precio de la YWCA en New York (te recomiendo la filial de la calle 52 entre Lexington y Park Avenue, que es la mejor como céntrica y limpia —aunque todo el barrio es muy anti-Village, claro.)

La bohémienne endormie te espera pero el león a su lado es el que te desea enormemente. Además el cuadro, como la Gioconda, dista enormemente de sus reproducciones: una transparencia absolutamente venida de la infancia. (No dejes de visitar a Magritte: El Imperio de las Luces).

Mi teléfono por cualquier evento: 617-491 2439.

(¿Viste cuántos números? Aquí todos nos volvemos ricos!) Munite de muchas moneditas si llamás desde un público. Se oye regio —llamá preferentemente a la noche después de las 10.

Tu amiguita ha sacado buenas e inesperadas notas en su paso por el primer cuatrimestre y ahora se apresta al segundo. Sus comentarios a Garcilaso pluguieron al viejo Jakobson quien la condecoró con un A (aquí es la nota más alta) y yo estoy orgullosa como un niñito con una escarapela recién comprada. Tu frase sobre la rosa y su futuro, empero, valen más que todas mis argucias filológicas y ante ella me inclino reverente.

Aquí conocerás el río Charles (como el tío Charles, familiar y viejo y manso), la placita de Harvard, centro nacional de la marihuana, con su viejo cine, donde pasan las de Marlene y Gerard (sin doblarlas, claro), restorán y café francés con croissants y todo, museos donde Memling y Sandro, bodegones de jazz aún maravillosos.

Tu librito aun no ha aparecido y su demora ha causado gran angustia. Espero que le hayas dicho que no se quede tomando sol en los puertos mientras se hace la escala.

Conocerás mis amigos locos, mis amigos americanos y mis amigos matemáticos. (Hay algunos entrecruces salvadores entre estas categorías). Y me gustará ver con tus imágenes este país todavía tan lejos para mí —nada raro sería que fueras mi anfitriona aquí también como en París. Cuando tengas idea de la fecha exacta de tu llegada aquí avisame pues necesito retenerte la pieza con anticipación. Do not forget! Hasta pronto ¡y bienvenida!

Cariños grandes a tu mamá

Ivonne

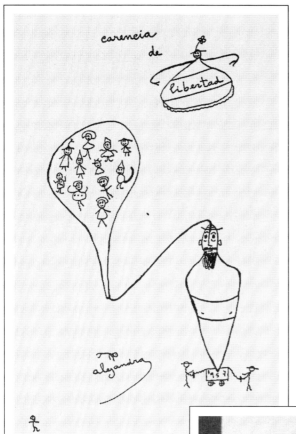

Dibujo a Rubén Vela.

Foto de Daniela Haman.

XXVI

Mi querida Ivoncita,

mucho te extraño y asimismo, extraño la carta que me debés. ¿Habrá llegado la mía a tus manos, su destino natural? En esta carta no contestada te aburría con el tema del **logement** en USA, preguntándote si había alojamiento por tu zona erudita, cuánto cuesta, y, en fin, a qué distancia (calculando viajes en tren o bus) queda de New York. He vuelto a hablar con Murena y, según su versión, puedo residir en USA por menos de un mes. Por lo tanto, el problema del logement casi deja de serlo pues por un lapso tan cortico me conformo a todo o a nada. Sin embargo, no tengo a dónde ir en cuantito descienda del avión (si el plan no cambia llego el 3 de marzo a las 7.30 de la mañana - línea Pan American y no insinúo con esto que me esperes en el aeropuerto aunque si querés yo encantada, 'sta chica...) Me pregunto si vas a menudo a New York. En ese caso ¿me hacés el enorme favor de reservarme un cuarto en un hotel honesto? Quisiera en el Village y por 7 u 8 ds. por día. También si algún compañero (a) tuyo (a) sabe de alguno, podrías hacer la reserva telefónicamente, así me quitás la culpa por quitarte una faena incómoda. Claro que si no frecuentás N.Y. no reserves nada. Sea como fuere, yo iré a visitarte, previo petit mot o, mejor, previa llamada telef. (si tenés teléf., conviene que me lo vayas dando).

Me pasa algo extraño: no deseo partir ni viajar ni moverme de mi casa. A la vez quiero ir a París pero para siempre. Pero como esto no es posible, pienso que hay que viajar aunque sólo sea para aguzar la pensadora, la cual se herrumbra un poquito en esta maldita y entrañable ciudad de merdre.

Por culpa del viaje (por culpa mía) escribo poco o nada. Una vez más estoy cambiando (oh la pequeña Alice) y no tengo instrumentos para decir desde la otra que sobrevengo.

Lindísima tu cartita. No, no estás esquizofrénica; ni lo estarás, aunque te pese. Solamente tenés que quererte más y respetar tus escritos (no compararlos, inconscientemente, con los Grandes porque, Chejov dixit, "cada uno escribe como puede y como quiere".) Y que Ud. no escriba es un pecado sobre el cual hablaremos en HUSA.

¿Recibiste mi anonadado librito que te envié con mucho fervor? Espero que sí. Hasta pronto con un abrazo fuerte de tu

Alejandra

84. La fecha parece estar equivocada —la carta se sitúa sin duda a continuación de la anterior. Tampoco me resulta claro por qué en la primera parte de la carta Alejandra se extraña de mi ausencia de noticias y en la última se refiere a una carta reciente mía.

XXVII
BUENOS AIRES, 19 DE MAYO DE 1969

Chère Ivonne chère:

Si no tuviera tanta confianza en vos dedicaría esta cartita al ruego de que me perdones mi imperdonable silencio. Pero estoy segura de nosotras o de nuestra amistad a precio de cualquier silencio. E inclusive ahora quisiera zambullirme de cabeza en la maquinilla escrituraria y escribirlo TODO, es decir toda la rueda de motivaciones que me arrebató de New York, de París rumbo a la querencia (ahora comprendo esta palabra antes extranjera).

Empiezo con New York. De su ferocidad intolerable

no necesito enseñarte nada. Vos habrás sentido como yo que allí el poema debe pedir perdón por su mera existencia. El poema, la religión, el amor, la comunión, todo lo que sea belleza sin finalidad y sin provechos visibles. Estos comentarios parecen generales pero son muy subjetivos. Es una ciudad feroz y muerta a la vez y yo supe —por "la hija de la voz"[85]— que si me quedaba un poquito más me vería obligada a reaprender mi nombre. Como ves, no es sólo la ciudad sino el país. A pesar de mis inmensas ganas de verte —y cómo hubiésemos dialogado sobre algunos problemas poéticos que me desvelan!— me resistí porque todas las noches me las pasaba velando, muerta de miedo con el pensamiento pesadillesco de que no podría salir de USA, algo obstaculizaría mi partida y yo me quedaría para siempre... ¿Qué otra cosa hacer sino adelantar la fecha de mi partida para París? Agrego que mi terror a tener que quedarme en N. Y. se acompañó de dos ataques de asma agravados por el pequeño detalle de la prohibición de vender medicamentos. En fin, cuando tomé el avión para París supe que lo que yo necesitaba era volver a Buenos Aires y dormir y recobrar fuerzas y asimilar o "elaborar" ese horror desmesurado (que no era miedo, naturalmente).

Así llegué a París, herida por New York (inclusive cometí la estupidez —acaso no lo sea— de interiorizarme de algunos problemas candentes: el de los negros, de los portorriqueños y otras cosas imposibles de contar por carta)[86]. En Orly me esperaban Laure Bataillon con su marido e hijito maravilloso (es mi amistad importante más reciente). Gracias a los días de Pascua no había otro hotel que uno tan caro cuanto inmundo. Lo único lindo era la criada española: "Le sirvo a vú el petí desaiuné..." Pero qué importa el hotel... Lo principal era ver antes que nada la placita Furstenberg y la St. Sulpice. Lo principal era el reencuentro con la gente más grata. Fueron encuentros maravillosos: Laure, Chichita Calvino, Marie-Jeanne, Octavio Paz y su nueva, encantadora mujer, Pieyre de Mandiargues y la inefable Bona, mi tío Armand, mi tía Geneviève (que me cubrió de regalos), mi primita Pascale, etc. etc. Con Marie-Jeanne te recordamos muchísimo. La encontré algo distinta y es una lástima. Quiero decir : la encontré mucho más cariñosa, mucho menos indomable, mucho menos altiva o altanera. Y además se le notan demasiado los signos del tiempo que pasa (cosa que no ocurre con Octavio, par. ex., quien parece más joven y está más bello que hace 5 años).

Bueno, después de tantos encuentros preciosos decidí ponerme a trabajar y los departamentos incomodísimos (sin salle de bain) y carísimos me llevaron a pensar en el mío, desocupado, confortable y esperándome. Entonces decidí volver dispuesta a regresar a París en serio, o sea por varios años.

Y con esto termino porque no quiero pecar de prolija. Escribime pronto, no me tomes como ejemplo. Seré cualquier cosa menos ejemplar. Pensá mucho en mí y si rezás no me olvides (esto te lo digo muy al oído). Un abrazo de tu muy

Alejandra

85. Esta expresión, como me lo señala Cristina Piña, se reencuentra en un texto fechado en 1-V-1972, que se titula Alguien mató algo y cuyo protagonista es Sombra. Comienza así:

> *la hija de la voz la poseyó en su estar, por la tristeza.*
>
> *los pequeños pájaros ponzoñosos que se abrevan en un agua donde se refleja la flor de la maravilla, son sus animales, son sus emblemas. A un tiempo mismo busca calentar su voz suplicante. (...)* Obras completas, p. 229.

86. Efectivamente, 1969 fue un año proclive a escenas tumultuosas en la vida política de los Estados Unidos —no en vano el establishment trataba de controlar la conmoción del '68, con las revueltas estudiantiles, que acabaron con la muerte de varios estudiantes a los que baleó la policía y el amenazante ascenso de los Black Panthers, que culminó con la muerte de la casi totalidad de sus líderes a manos del FBI y con la prisión de Angela Davis. A su vez, las feministas americanas habían denunciado la utilización de mujeres portorriqueñas como cobayos para la experimentación de prácticas anticonceptivas. Por otra parte, la guerra del Vietnam iba in crescendo. Es a este escenario de violencia inhabitual —hoy olvidada en las vaharadas de liberalismo salvaje y de globalismo ingenuo que nos saturan— al que se vio confrontada inesperadamente Alejandra, cuyo repudio por la vida política en todas sus formas era proverbial. Esta actitud no provenía tanto de un supuesto encastillamiento en la torre de marfil, sino de la experiencia de su familia judía en Polonia, diezmada primero por las tropas nazis y luego por los comunistas. El horror con que Alejandra relataba estas escenas no dejaba lugar a dudas acerca de su total escepticismo y rechazo por toda forma organizada de poder, y en particular, del poder relacionado con la violencia racista.

XXVIII
DE BORDELOIS A PIZARNIK
SIN FECHA

Alejandra, chère,

Te escribo desde Paris recuperado, con castaños y gorriones que me curan del *vértigo incesante de Cambridge.*

Después de los States, Paris me parece una placentera villégiature provinciale, antigua y pálida y muy querida *y a la que también resulta imposible volver —como si fuera una imagen de nuestra infancia.* Estuve en lo de Sofía Fisher[87] —sabes que en su casa vivió Rilke?— y vi la tumba de Cocteau entre florcitas muy dulces: "je reste avec vous". Mientras tanto, de Argentina llegan gritos y lágrimas que Le Monde publica escrupulosamente en la primera página.

Yo también te extrañé y extraño no haberte visto. Habríamos hablado y hablaríamos de galerías y sótanos, algunos nuevos para mí y familiares para ti, que se abren súbitamente en los lugares más tensos y alienados de la existencia. De muchos y extraños azares objetivos que encontré rondándome y que trato de leer con asombro y dificultad. Y de tu libro tan perfecto y terrible que admiró a mis amigos y me devolvió a esa exigencia implacable de hermosura donde se mueven tus palabras.

(Llegaron por fin dos ejemplares —y le di uno a quien podía y debía leerlo). Marichal y Lida quedaron lamentando tu no venir. De mí no puedo predecirte nada: supongo que mi beca ha sido suspendida y acaso empiece una extraña lucha por permanecer en ese lugar incandescente y frío que es M.I.T. —debajo del cual, sin embargo, corren entrañables ríos. Esta tarde iré contigo al cine a ver "una" de Michaux. Escríbeme a la dirección de siempre, así tu carta me consuela de regresar adonde tan difícil es llegar

y abrazo
Ivonne

87. Sofía Fisher, filósofa, investigadora y crítica argentina residente en París, donde dirige una sección de lingüística en l' Ecole des Hautes Etudes. Fue compañera mía de estudios y de luchas estudiantiles en la Facultad de Filosofía y Letras de la UBA. Por un tiempo vivió en una antigua casa de la rue d' Ulm que visité, en la cual se decía que vivió Rilke —quien, en realidad, se alojaba en un hotel vecino.

XXIX
BUENOS AIRES, 16/VII/69
Pequeña, queridísima amiguita Ivonne (*):
d'abord un pedido: fechá, por favor, tus cartas, para

que yo pueda seguir la ebolusión, 'sta chica (muy en serio). Y luego mil gracias y mil pensamientos de cariño entrañable que te proyecté apenas leí tu preciosa y bastante terrible misiva parisina. Decís algo tan justo que S. Weil[88] te hubiera envidiado cuando te referís a la imposibilidad de volver a París "como si fuera una imagen de nuestra infancia". ¡Oh ya lo creo! Y si te cuento que el único período de mi vida en que conocí la dicha y la plenitud fue en esos 4 años de París, entonces comprendés que tu límpida apreciación "me dio justo en el alma", como decía el peruano César V.

Por mi parte, encontré en París algo que me horrorizó: una suerte de americanización —traducida al francés, desde luego— que no me hizo daño pero me dolió que en el Flore, par ex., allí donde veía a Bataille, a Ernst, a Claude Mauriac, a Jean Arp, etc, etc, no vi sino jovenzuelos de rostros desiertos con pantalones de gamuza y el uniforme erótico-perverso del hippie de luxe. Lo mismo en **Les deux magots** e inclusive en el Café de la Mairie (S. Sulpice) a donde iban Bonnefoy, du Bouchet y pintores jóvenes. No me lamento por la desparición de los cafés "literarios" pero hay que confesar qué lindo era llegar al Flore y mirarse a los ojos con Bataille, con M. Leyris[89], con Beckett, con R. Blin, con L. Terzieff, con Simonetta, con Jean-Paul "y con el flaco Abel que aún espera"... Por el contrario, cada artista está escondido en su guarida e inclusive Mandiargues, devoto de la **amistad** siglo XVIII, permanece en su palacete (se mudó a uno precioso) y no ve más que a las viajeras que se difuminan. Creo que te conté cuánto me emocionó abrazarlo (tiene algo maternal sin ser femenino) y abrazar a la inefable Bona y a la hijita de ambos que no es mayor que cualquier muñeca. Los encontré en un estado excelente pero algo apagados (¿acaso por la muerte de Breton?). Pero creo que ya te conté de los encuentros con los amigos.

Permitime pues decirte que tu ortografía se aclaró como si hubieses seguido un tratamiento grafológico. ¿Así que Sofía Fisher vive donde vivió Rilke el de los ojos azules? Contame bien cómo es la casa incluyendo trivialidades (tiene baño? da sobre tejados grises?, etc). ¿Y qué es ese film del venerado Michaux[90]? (Ojalá viva mucho; es mi único punto de referencia). Y contame del "vértigo incesante" de Cambridge y de tu beca no muy segura[91]. ¿Puedo ayudarte desde aquí? Si querés que hable conquienquieraquesea lo haré de buen grado pues no hablaré para mí sino para mi amiguita de los usa.

En cuanto a mí, acabé con una serie de poemas en prosa (más sueltos que los a triple llave del libro)[92] que son buenos en partes y malos en otras pero ahora no lo sé pues los encerraré unos meses para reverlos luego con algo de lucidez. Escribí y publiqué un cuentito bastante risueño y Methafhisico lleno de muñecas[93]. Ahora "quiero" escribir algo muy raro que empezó de por sí en forma de diálogos entre Segismunda —quien habla en poesía— y Carolina —quien habla en letras de tangos (me leí un montón de El alma que canta)[94]. Pero no sé si acabaré este estranio contrapunto. Mis mejores fuerzas las sustrae Mandiargues (le si cher André) de quien comentaré **La motocicleta** (en español) para **Sur**[95]. La traducción es extraña: un hombre orina en un parque y leo que "sostiene con el brazo en asa su blando pitorro". Pero ¿qué decir del libro? La figura central es "la mujer-objeto" y eso no me gusta (tampoco su contrario inexistente descrito por Simonetta). ¡Pero no te hablo de política!

Excusame o mejor, ahorrame el rosario de maldiciones que se merece el tema de la politík nacional. A part

ça, je suis un peu triste[96]... Pero esto no es tan triste como se supondría. En verdad, se me han ido muchas fantasías, y las extraño. Ahora bien, ¿qué tal si me mandás cuaderno(s) por barco, por certificado, dentro de un sobre que diga impreso (en inglés, claro)? No hay apuro pero es un pedido firme y robusto. (Si no podés enviar nada no importa). Y son las cinco del alba de dedos celestes. Te abrazo tiernamente
Alejandra

* Te escribo con una rapidez delirante pues ya viene el alba.

88. Simone Weil, escritora francesa versada en lenguas clásicas, particularmente el griego, de estilo y pensamiento particularmente lúcido y austero. Filósofa y activista, murió durante la guerra debido a las privaciones que se infligía en su afán de llevar una vida equivalente a la de las víctimas del nazismo. Con Alejandra solíamos leer y comentar su libro *Espera de Dios,* magníficamente traducido del francés (*Attente de Dieu*) por la escritora argentina María Eugenia Valentié; en particular nos fascinaba el extraordinario capítulo dedicado a la atención.

89. Sic. El nombre es Michel de Leiris.

90. Se trata de una película poco conocida de Michaux que vi en un pequeño cine del Quartier Latin. Entre otras cosas, muestra las experiencias del poeta con drogas alucinógenas en México —fantasías captadas con muy bellas e impresionantes imágenes.

91. Efectivamente, para aquella época había concluido para mí la muy generosa beca otorgada por el Consejo Nacional de Investigaciones Científicas y Técnicas. Fue remplazada con un cargo docente como asistente de Lengua y Literatura en MIT, donde yo proseguía al mismo tiempo mis estudios doctorales. Si bien enseñar a Borges y a García Márquez a los excepcionales estudiantes de MIT era un privilegio, este cargo postergó mi diploma doctoral en los Estados Unidos y dificultó mis viajes a la Argentina, con lo cual dejé de ver a mis amigos, particularmente a Alejandra.

92. La referencia está relacionada a los borradores de *El infierno musical* —el

último libro publicado por Alejandra. El decir que estos poemas son "más sueltos" que los contenidos en *Extracción de la piedra de la locura* queda a juicio del lector.

93. Probablemente, se refiere Alejandra aquí al delicioso cuento "A Tiempo y No" publicado primeramente en *Sur,* en 1968, y dedicado a Enrique Pezzoni.

94. Este diálogo derivó en la obra dramática "Los poseídos entre lilas" que forma parte de *Textos de sombra,* la publicación póstuma que editaron Olga Orozco y Ana Becciù (Sudamericana, 1982). En *El infierno musical* (Siglo XXI, 1971) hay un subcapítulo intitulado "Los poseídos entre lilas" que muestra cómo, del extenso borrador de treinta páginas publicado posteriormente en *Textos de sombra,* Pizarnik extrajo sólo tres para su publicación, de contenido exclusivamente lírico.

95. La reseña, que trasluce sólo en parte la ambivalencia de Pizarnik con respecto a Mandiargues en este sentido, se publicó en *Sur* 320, 1969, pp. 101-105.

96. Aparte de esto, estoy un poco triste....

XXX
MARTES 19 DE AGOSTO AL ALBA

Mi querida Ivonne:

Me parece comprender lo que sentiste en París y me asusta que la compares con una imagen de la infancia. Yo no tengo imágenes comparativas; sólo sé que no fui a París en el momento indicado, o sea desde N. York. Fue el paso de la una a la otra lo que me dejó confusa y sin fervor ni lucidez.

Espero que no tengas problemas con tu beca y decíme si puedo hacer algo (me temo que no demasiado, mais on sait jamais).

Te extraño. Te extrañé más cuando me encontré con Ma. Elena Arias López, venida a mi casa de tu parte. Es encantadora pero me pareció injusto que no vinieras (a mi casa) también vos.

Emtonces me pasó algo raro. Hice una nota sobre **La Motocicleta** de Mandiargues en **tres días**. Luego, en sólo nueve días, pergeñé (o pergueñé?) una obra de teatro que tiene partes que no son malas[97]. Es muy extraña y triste y llena de humor. A nadie se la di a leer todavía porque quiero corregirla (esto va a ser peligroso) y porque todavía no puedo creer que sea mía, yo tan lenta e indecisa...

Por aquí vino Severo Sarduy. Muy encantador pero nada más pesado para leer que sus libros. Está lleno de maestros y, a diferencia de mí, tiene definiciones sobre la literatura y la delimita y la mide y la calcula. A pesar de todo escribe bien. Pero acaso moleste el exceso de cálculo...

Quizá publique mi pequeño libro de poemas en Palma de Mallorca, a pedido de unos jóvenes "vanguardistas". Pero en general no tengo apuro para publicar, todo lo contrario.

El resto son ocasionales estallidos afectivos que me desgastaron un poquito más y me hicieron más amar la soledad. Ando encerrada, a veces no hago nada, pero sé que algo se está tramando. Busco algo. Es lo único seguro. Y son las 5 hs. Perdón por tanto yo. La próxima cartuja será (tal vez) más parecida al término **carta**. Hasta muy pronto con un gran abrazo

Alejandra

97. Probablemente, "Los poseídos entre lilas", que Alejandra incorporó luego como parte de *El infierno musical,* en una versión mucho más restringida que la presentada en su obra póstuma, *Textos de sombra.*

XXXI
DE BORDELOIS A PIZARNIK
BOSTON, 20 DE AGOSTO

Querida Alejandra:

Desde mi nueva casa en el verano de Cambridge: ¡Salve! Me gustó tu carta tan cercana que me hizo reír como tantas veces y tan bien he reído contigo.

Mi vida flota y se bambolea peligrosamente en este país tan vertiginosamente vacío, que ataca misteriosa y directamente la sustancia del alma, como un insecto invisible, omnipotente y aterrador. Muy difícil contarte así, sin manos, sin ojos y sobre todo sin las palabras que acuden cuando se está contigo, este extraño pasaje de París a Boston, donde pude percibir en un luminoso precipitado esta arista tan trágica de la vida que puede encerrarse en lo que llamamos engañosamente "complementos" de tiempo y de lugar, y esta lucha desesperada por salvar tiempos y lugares queridos en lugares y tiempos fundamentalmente enemigos. Supongo que adivinas con tus tiernas anténulas que a pesar de todo no es la melancolía la que me arrastra sino *una angustia buscadora de un espacio de rescate o de centro.* Esto es lo que borra las ciudades y los días de los márgenes de mis cartas, la ciudad y el día perdido por el que se ruega camino del encuentro.

París ha empezado a ponerse máscaras que me aterraron, es cierto, como si desde una montaña se contemplara el paso de un animal hermosísimo hacia un precipicio y nada pudiera hacerse para detenerlo. Pero fue París y volví al indecible Rilke de los Cuadernos de Malte y reconocí tantas palabras que desde los 17 años me habitaban el alma sin yo saberlo, como fuentes, sin detenerse, lo mismo que las graves sombras del Luxemburgo y el agua de la fuente de María de Medicis.

Lo de Sofía te hubiera gustado por el silencio, el gris de los tejados y la pasarela (extraña palabra) atravesando el patio —pero no es lo de Rilke, él habla de un hotel de cinco pisos, probablemente uno de los dos de enfrente, donde luchaba con el poêle à charbon entre el frío y el humo en sus ojos (azules).

¿Dónde se publicó tu cuentito? Leerlo me refrescaría el

alma, cuya caligrafía, como ves, empieza ya a oscurecerse nuevamente. *Vivan mientras tanto Segismundo y Carolina*. Tu librito (gran) mora en mi biblioteca en compañía de Malte y el Popol-Vuh, tus viejos y siempre nuevos conocidos.

Ahora se acerca la noche limpia del verano y yo escucho una muy hermosa guitarra mientras espero a unos amigos con quienes voy a ver una de Chaplin: éstos son mis consuelos y a Dios gracias creo que son verdaderos.

Tu cuaderno(s) será el que yo pienso o si no no será nada. O sea: hace un año me regalaron uno que te achicharraría de envidia (sic) y espero que vuelva el donante de Europa para conseguirte uno ídem y averiguar de qué hermosa caverna salió tanta bella simplicidad. Un abrazo

Ivonne

XXXII

BUENOS AIRES, 5 DE SEPTIEMBRE DE 1969[98]

Querida Ivonne A.:

No sólo me encuentro con tu preciosa carta del 20 de agosto sino que encuentro, entre papeles, una carta que te escribí yo el 19 de ag. Es curioso: ambas hacemos una referencia tristísima al "extraño pasaje" de París a Boston en tu caso y de N. Y. a París en el mío. Pero qué justo y exacto decir como decís: "Mi vida falta[99] (...) en este país tan vertiginoso y vacío..." Aunque no lo creas, yo había escrito en mi diario: "Excecro N. York. Es feroz y vacía..." Por más que crea, como vos, que "ataca la sustancia del alma", creo, también, que al menos los juegos son **visibles,** lo que significa que son más dolorosos pero menos peligrosos. Allí en donde sabemos que el **pneuma** será acechado y acosado, tomamos precauciones y nos defendemos. Un ejemplo: el film de Chaplin que viste después de escribirme[100].

Confieso que me sentiría más tranquila si te supiera munida de los **Diarios** de Kafka y de algo de Michaux (por ejemplo **Passages**). Claro que tenés la Biblia pero es tan pero tan grandiosa que a veces, frente a lo "vertiginosamente vacío" una frase cotidiana de Kafka resulta más eficaz y podría remitirte más inmediatamente a "un espacio de rescate o de centro"[101]. Otra cosa: es un pecado no tomar notas sobre el horror o lo enemigo. En consecuencia, me gustaría que destinaras el bellísimo (hélas) cuaderno a la escritura de un **Diario** (como penitencia, escribilo en letra clarísima —en verdad, sería como medicina)[102].

En cuanto a París, me aterra hacer comentarios. Temo reconocer que "ha entrado en mi pasado"[103]. ¿Viste lo que es ahora el Flora? ¿Viste que desapareció la placita St. Sulpice? Pero encontré a los amigos (muy solitarios) y eso me consoló. El que mejor está es Octavio, increíblemente joven y feliz, cosa que me hizo feliz.

Así que ya te hablé de Segismunda! ¿Sabés que Carolina se convirtió en un hombrecito? Sí, sucedió en la página 10. Por cierto que ahora se llama Carol[104].

Comparto tu avidez de absoluto y la promesa del bello cuaderno es como si perfumaras la noche pero seamos razonables, o sea: mandá uno cualquiera para aliviar la espera. (Claro que bromeo).

Mi cuentito[105] lo publiqué en **Papeles de Sons Armadans** (debe de estar en Cambridge) y en una revista de poetas jovencitos argentinos llamada "El cielo". Si consigo ejemplar te lo mando ya. Si no, te mandaré la separata que me llegará de **Papeles**.

Por último (son las 4 de la aurora de los dedos celestes) recibí carta de Bonnefoy. Yo le había mandado "Extracción..." y él comenta mi libro con demasiada generosidad y sobre todo, NOS agradece la valiosa y bellísima (sic) traducción de sus poemas. Otro motivo de contento: envié mi libro a Starobinsky y la respuesta fue indeciblemente estimulante. Esto no impide escribir cada día un poco peor.

Sylvia Molloy escribió un ensayo sobre Silvina Ocampo que Silvina me leyó recién. (...) Silvina está ansiosa por conocerte. Tiene razón en estarlo, opino yo dándote un abrazo muy tierno y cercano

Alejandra

98. Es ésta una de las cartas más notables que recibí de Alejandra, y una de las que mejor demuestra con qué penetración y proximidad podía acompañar y aconsejar la trayectoria de sus amigos sometidos a la distancia y el aislamiento. Guardadas la distancias, esta carta me recuerda aquellas enviadas por Rilke al "querido señor Kappus".

99. Nuevamente, hay un malentendido caligráfico aquí. Como se puede comprobar, yo había escrito "mi vida flota" y no "mi vida falta", como lee Alejandra, con su acostumbrada tendencia a las proyecciones metafísicas.

100. Naturalmente, la pregunta espontánea que surge de este pasaje es cuál era el temible paraje que Alejandra consideraba propicio a juegos peligrosos y al mismo tiempo invisibles. Alejandra se refiere aquí a *El gran dictador,* el célebre film de Chaplin que vi por primera vez en Cambridge, del cual le hablaba en mi carta. Recuerdo que el film se proyectaba en la muy hermosa Iglesia Baptista, cerca de Harvard, y que allí fui, con amigos, en una memorable tarde otoñal de una limpidez de cielo que sólo Boston puede imaginar. Me sobrecogió por su genialidad la escena en que Chaplin (Hitler) dicta a su secretaria una larguísima frase en alemán que ella retiene, totalmente inmóvil, hasta que luego de una larga pausa sobreviene la inevitable partícula germánica final pronunciada por el "dictador", y ella se lanza sobre la máquina de escribir como sobre una ametralladora y transcribe triunfalmente todo el párrafo. Recuerdo que la irresistible comicidad de la escena y la profunda intuición lingüística que la anima, fue festejada con estruendosas carcajadas por Roman Jakobson, que se encontraba también entre la concurrencia. Eran en verdad muy felices estas ocasiones, en que me era dado el privilegio de escapar

a la feroz exigencia de trabajo académico que me imponía mi vida en Cambridge, y celebrar con amigos estos privilegiados encuentros con creadores de genio.

101. En verdad, sólo Alejandra podía imaginar que Kafka y Michaux —escritores difíciles y abismales si los hay— pudieran resultar lecturas amables o consoladoras dentro del desierto espiritual en que yo me encontraba entonces. Esta indicación muestra, ante todo, cuál era el grado de su propia exigencia espiritual. Con respecto a la Biblia, recuerdo su interés por ella —hay citas del Evangelio en sus escritos— y también cómo discutimos juntas un libro de Claude Trémontant, un brillante teólogo y escriturista cristiano que le presté en alguna ocasión. Trémontant subrayaba la distorsión que había causado, dentro de la tradición hermenéutica de las Escrituras y del Antiguo Testamento en particular, el influjo del pensamiento platónico y el olvido de la interpretación hebrea del texto, en particular en cuanto a la realidad del cuerpo y su propia trascendencia.

102. Se refiere aquí Alejandra a un cuaderno de tapas negras y hojas lisas que yo le mandaría —como se indica más adelante— y del cual había comprado otro ejemplar para mí misma. Sobre la terapia que representa la poesía, puede recordarse lo dicho por Alejandra en su entrevista con Marha Moia:

"Entre otras cosas, escribo para que no suceda lo que temo; para que lo que me hiere no sea; para alejar el Malo (cf. Kafka). Se ha dicho que el poeta es el gran terapeuta. En este sentido, el quehacer poético implicaría exorcizar, conjurar, y además, "reparar". Escribir un poema es reparar la herida fundamental, la desgarradura. Porque todos estamos heridos." (La Nación, 11 de febrero de 1973.)

103. Aquí es obvia la alusión al célebre tango Los Mareados. Alejandra sabía de memoria muchas letras de tangos y se deleitaba en las ocasiones en que Olga Orozco, gran amiga y gran poeta, cantaba tangos con su hermosa voz inconfundible.

104. Habla aquí Alejandra de "Los poseídos entre lilas", en su versión dramática, incluida en *Textos de sombra*.

105. Se trata de "El hombre del antifaz azul", cuyo texto sólo llegué a conocer en la segunda versión de sus *Obras Completas*.

XXXIII
SIN FECHA
LUNES, 16.45 HS.

He aquí la copia, chère Ivoncita, en extraño papel muaienagéz[106]. Aimes—tu le soleil plus que la lune?[107] (tachar lo que no corresponde). Estoy escribiendo un poema largo, largo. ¿Qué será de él? y de mí? Te veo prontito. Sonríe mucho a las 9.15 hs. (ça porte du bonheur)[108]. Me vuelvo al poema (si es que me deja entrar lo cual no es seguro). Abrazos de

Alejandra

---

106. Grafía semiliteral de "moyenageux" —en francés, "medieval".

Los efectos cómicos de este tipo de transcripción eran muy típicos de Alejandra.

107. "¿Te gusta el sol más que la luna?"

108. "Trae suerte".

XXXIV

Tarjeta de Navidad con una Virgen que danza, rodeada de dos ángeles, con el Niño en brazos

1000 pensamientos de cariño para mi siempre Ivoncita
Alejandra

XXXV
SIN FECHA

Queridas Ivoncitas, acá me tenés puntual y hacendosa como siempre sin que nadie me reconozca estas hermosas virtudes. Te he copiado el texto de Olga[109]. Lo que marco con bella rayita azul es aquello donde me siento yo en lo que me reconozco más.

Chau porque me muero de sueño (ya son casi las 9 de la noche y yo aún de pie!). "C'est dans la nuit que je travaince", dice Rimbaud en una carta casi tan linda como ésta.

Besitos de tu amiguita del halma

Alejandra (pequeño dibujo)

109. Olga Orozco había escrito una semblanza de Alejandra cuyo texto —particularmente hermoso— había pedido yo a Alejandra, que lo copió a máquina para mí. Uno de los pasajes subrayados por Alejandra dice:

"Nos internamos en su poesía. Es un país cuyos materiales parecen extraídos de miniaturas de esmalte o de estampas iluminadas: hay fulgores de herbarios con plumajes orientales, brillos de epopeyas en poblaciones infantiles, reflejos de las heroínas que atraviesan los milagros. En esos territorios la inocencia desgarrada descubre pasajes inquietantes y las aventuras son un juego con resortes que conducen a la muerte o a la soledad. Para perderse o para no perderse, Alejandra ha ido marcando el camino hacia sus refugios con resplandecientes piedrecitas de silencio, que son condensaciones de insomnios, de angustias, de sed devoradora."

XXXVI

Minúscula tarjeta con una niña ángel enfrentada a un pajarito celeste, con fondo dorado

Que 1970 sea para Ivoncita de color verde con rayos celestes.

Abrazos

Alejandra

XXXVII

La tarjeta mencionada arriba llegó en un sobre normal con la siguiente esquela:

Esta postalita me llegó de vuelta por su sobre demasiado chico

Abrazos Grandes

El cahier noir es —era— mi sueño realizado. 1000 gracias, queridísima

Alejandra

XXXVIII

Buenos Aires, 2/II/70

Ivoncita bienquerida, quiero confiarte un hecho trivial: mi desorden cambió. Es decir, **empeoró** notoriamente. Antes, de algún modo secreto, anotaba cosas como: "le 47 févruar: envié... a Ivoncita". Actualmente no logro ejecutar algo tan para virtuosos o para gente de 6 dedos. En consecuencia: ignoro si te envié **Nombres y Figuras** (poemas publicados en Barcelona) y **El hombre del antifaz azul** (cuento publicado en esas separatas tan lindas de P. de Mallorca). Perdonáme porque creo que mi clara y tierna fidelidad por Ivonne me da permiso para ser perdonada. Además este rasgo de desorden que te describí no es sino uno de los muchos síntomas de una **crisis** (palabra que da miedo por su vecindad con **autoengaño, embarcamiento**, etc, etc.) En fin, decime si te mandé algo (y **qué** te mandé) y me apresuraré a reparar la pequeña herida que mis olvidos infligen a la distancia que (no) nos separa.

¡Qué cuaderno, mi madre, me mandó mi amiguita! Viene a ser el Rolls-Royce o el Rolex o el Olympia en materia de cuadernos. Tan perfecto, "simple" (como salido de chez Hermès) hermoso y sumamente lujoso que me entró un tantico de julepe y cómo **podría yo atreverme** a escribir en un cuaderno así? Hoy, por fin, me atreví. Por eso te escribo con confiantzva. O sea: te digo **1000 gracias con conocimiento de causa** (causa=cuaderno) y te digo que este gesto (el regalo y la índole del regalo) te valga el ser mecida como un barquito de papel en la pequeña fuente del destino, ser mecida como si fueras una plumita de pajarito maravilloso que me mandaste para que me sermonee o me cante **Garufa**, ser mecida como un pequeño ser muy frágil y muy fuerte en una mano de terciopelo azul (todas estas imágenes son edípicas pero ¿qué querés? Si lo prenatal era tan lindo, ¿cómo no evocarlo? ¿cómo no extrañarlo?) Además en mi caso todo se complica pues está mi "complejo de Peuser (o de Joseph Gibert)", por mí descubierto y que estudiaremos cuando nos den becas para ello —será en el Japón, por los marcadores y cierto verde-hoja-fresca de ciertos blocks que compré en N. York.)

¡Venís en mayo! Pero te volverás, hélas, ¿y por cuánto y para qué? Te extraño muy particularmente. Con Lea[110] conversamos de vos y coincidimos: ¡Caramba, cómo se la quiere a la Ivoncita! ¡cómo se vuelve tan entrañable! (en cuanto a Lea, es una persona preciosa, como dice mi Olguita Orozco para decir: he aquí un tesoro encarnado. Pronto le escribiré.)

¿Te dije que me escribió Starobinski? Y Cirlot? A los 18 años, su libro sobre el surrealismo me dio mucho, me enseñó mucho. Ahora me mandó poemas (excelentes!) y me dice que escribirá un estudio (!) sobre mí, cosa que emocionó a la inocente soncita que fui hace muchos años, la que creía que algunas palabras tenían el poder de cambiar el mundo ¿y si lo siguiera creyendo?

Es el alba y sabrás que me convertí en una asmática de pro. Me falta una mucama que se llame Celeste y un poco de talento rosa así como un auto que me lleve al Ritz en cuyos espejos miraría mis bigotes que por ahora no hay nada que hacerle pues no surgen ni por broma[111].

Acabo de escribir un cuentito en joda sobre La aventura de Titta Lugones la noche en que las meretrices vinieron del puerto a la boda de la hija del tintorero Miratita No Kagawa. Si dentro de 6 años me sigue haciendo reír como ríen las cantatrices en las óperas de Verdi, entonces te lo mando a Kioto (en donde estarás con una regia beca del Círculo Catalán).

"Ridículamente te has adornado para este mundo" (sic Franz Kafka). Hace meses me suena esta frase como si en mí la dijera un coro de niñas que me pide cuentas.

¿Conocés a **Djuna Barnes**?[112] Es de USA pero desconocida allí y en todos lados (salvo por una sectita). Te aconsejo Nightwood (pero por favor, leelo despacito y dos veces). ¡Pensar que estuve en N. York y no le mandé una rosa rosada casi blanca con un signo de reconocimiento! Bueno, sigo dentro de unos días. Un abrazo lleno de dulzor, de agradecimiento, de ternura y de complicidad celeste

Alejandra

110. Lea Baider, psicóloga argentina residente en Boston en aquel tiempo, actualmente residente en Israel, quien había conocido a Alejandra por mi intermedio.

111. Obvias alusiones a Marcel Proust, del que Alejandra era una lectora apasionada desde su temprana adolescencia.

112. La autora del famoso *Nightwood.* Es probable que Alejandra hubiera sabido de ella a través de Enrique Pezzoni, que solía contar una anécdota desopilante acerca de su frustrado intento de visitarla en New York. Enrique tradujo memorablemente al español Nightwood, *El bosque de la noche,* en Sudamericana.

XXXIX

(Esta carta, dirgida a mi padre, Pedro Gastón Bordelois, me fue remitida por él a mi dirección en Cambridge)

Sr. Pedro Bordelois

Buenos Aires

Muy apreciado señor, le ruego comunicarme la **nueva** dirección de nuestra querida Ivonne pues no sólo deseo enviarle mis dos últimos libros recientes sino noticias que la pondrán contenta, lo cual nos contentará a Ud. y a mí.

He sido yo la responsable de que nuestras traducciones —hechas por Ivonne y yo— aparecieran en **La Nación** (trabajamos tan arduamente en ellas[113] que merecían un público cuantitativamente más valioso que el de los 200 ejs. de la Sra. Maffei)[114]. Bonnefoy, maravillado, le escribió, alabando las versiones, a Octavio Paz; Paz se lo dijo a Asturias; Asturias a Norah Lange de Girondo, y al fin a mí[115]. Por eso quiero contarle y alegrarla a Ivoncita. Le ruego darme su nueva dirección. Además, si bien no pude visitarla en ocasión de mi beca Guggenheim, lo haré cuando reciba la Fulbright, que sin duda me adjudicarán —así me lo dijeron— este año.

Mil pensamientos de buenos deseos para todos Uds. y en particular para mi amiguita Pelusa[116], a quien tanto quiero. Muy afectuosamente

Alejandra

P.S. El desaliño de esta carta no es bonito. Perdón: culpa del asma.

---

113. Efectivamente, trabajar en las traducciones de Bonnefoy resultó una tarea agotadora. Como dice Rilke, aquello que es necesario y hermoso es también necesaria-

mente difícil, y esta tarea conjunta reveló una vez más la verdad de su afirmación. La dificultad estaba representada tanto por lo resistente y denso del texto original como por las exigencias de Sofía Maffei, una perfeccionista sumamente lúcida —conservo sus minuciosas y delicadas observaciones— sumadas a las de Alejandra, que se obstinó en que yo escribiera el prólogo, aún cuando fue ella quien sugirió incluir las reflexiones hegelianas de Bonnefoy en el mismo. El epígrafe de Hegel escogido por Bonnefoy para *Du Mouvement et de l' Immoblité de Douve,* su primer libro, dice:

> *"La vida del espíritu no se espanta ante la muerte, ni se abstiene de ella. Es vida que soporta a la muerte y se sostiene en ella."*

Esta frase no podía dejar de resonar profundamente en Alejandra. Asimismo, esta otra cita hegeliana de Bonnefoy que incluimos en el prólogo resulta clave para comprender los últimos poemas de Alejandra:

> *"Hegel ha demostrado, se diría que con alivio, que la palabra no puede retener nada de lo que es inmediato. Ahora es de noche: si mediante estas palabras pretendo expresar mi experiencia sensible, muy pronto no hallo más que un marco del cual la presencia se borra. Los retratos que habíamos supuesto más vivos se vuelven paradigmas. Nuestras palabras más íntimas se vuelven mitos al separarse de nosotros. ¿Estamos condenados a no poder decir nada de lo que más amamos?"*

A mi modo de ver, esta cita se relaciona directamente con el poema dedicado a Martha Moia "En esta noche, en este mundo", publicado entre los escritos póstumos de Pizarnik:

"No, las palabras no hacen el amor

hacen la ausencia

Si digo agua ¿beberé?

Si digo pan ¿comeré?"

En este pasaje —y en todo el texto, que es escalofriante— Alejandra postula su apartarse de la esperanza o utopía surrealista (como lo señala en la segunda línea su disentimiento con Breton) para internarse en un mundo hegeliano donde

"lo que pasa con el alma es que no se ve

lo que pasa con la mente es que no se ve

lo que pasa con el espíritu es que no se ve.

¿de dónde viene esta conspiración de invisibilidades?"

114. De hecho, esta publicación resultó infausta. Alejandra había seleccionado y enviado los poemas a *La Nación* sin consultarme. Debo decir que la traducción de uno de ellos en particular me pareció siempre poco lograda. Bonnefoy se funda centralmente en los poderes del francés, que por cierto no coinciden con los del castellano, tratando de resistirse a magias musicales demasiado previsibles; aún dentro de esta opción, es un poeta demasiado cercano a lo verbal para que una traducción, por excelente que sea, transmita algo más que el valor plástico y mítico de sus imágenes, ciertamente muy hermosas, pero despojadas en español de la resonancia desnuda y oscura que alcanzan en francés. Me fastidió por lo tanto que Alejandra tomara una decisión que yo no compartía en nombre de las dos, y esto demoró, fatal y estúpidamente, mi respuesta a esta carta y a la siguiente.

115. De Bonnefoy —a quien yo había visto fugazmente en París en ocasión de sus deslumbrantes conferencias sobre el Barroco— conservo dos cartas, fechadas en 1975 y 1976, que atestiguan su admiración por Alejandra. Se trataba de un homenaje a ella en el último número de la revista *Argile,* que dirigía Claude Esteban, para el cual Bonnefoy solicitaba mis sugerencias en cuanto a textos y nombres de escritores que podrían participar, preguntándose si sería posible incluir entre ellos a Borges. Entiendo que este proyecto no llegó a realizarse.

116. Mi hermana mayor, María Magdalena, que vivía entonces con mi padre.

XL
B. A., 5 DE JULIO DE 1972

Mi Ivoncita, mi cercanita.

por favor no nos pidamos explicaciones acerca del silencio (¿existe el silencio?).

Inútil decirte —no, la ciencia de lo obvio es ardua como la lectura de lo infalible— que no sólo te extraño sino que **te necesito**. Acaso porque somos antípodas y nos damos mutuamente garantías acerca de nuestras vías.

No voy a hablarte de mí en esta cartuja de esperma

(este chistezuelo es para decirte: **Aquí estoy, todavía**).
También te mandaré mi nuevo libro El Infierno Musical
(Ed. S. XXI). Y también, si consigo fuerza, algunos poemas recientes cuyo emblema es la negación de los rasgos
alejandrinos. En ellos, toda yo soy otra, fuera de ciertos
pequeños detalles: el humor, los tormentos, las pruebas
supliciantes.

Martha Moia[117], muy amiga mía, se va para USA en
septiembre. Estará en New York del 14 al 18. Ignora si irá
a tus parajes (y por supuesto ignora cuándo irá —o no). Si
te encontrás con ella supongo que multiplicarás mi presencia en USA pues no puedo creer que no hablen de mí
(hacelo con nostalgia, pues algo se me entrecorta en la voz
cuando te nombro y adjunto: "No sé cuándo volverá!".

(¿Volverás?)

La encantadora Lea me escribió desde (*palabra arbitraria en letras griegas, I. B.*) (ejehm!) y yo le respondí a pesar de mi desapego (semi-desapego) actual del mundo de
las plumas y los papeles (espero los que me prometiste,
pero esto es otro pseudo-chiste pues estoy lejana en ese
sentido).

He sido expuesta algunas pruebas algo excesivas
(pero si no hay peso ni medida!) y ahora sé un poquito
más (por eso ya no me siento a la mesa y rumio horas y
horas un adjetivo de algún poema). Sé un poquitito más,
comprendo algo más; y sí, es tan terrible y viviente y vibrante esto que alienta en esto que ahora soy. No sé en
qué me he convertido. Pero mi mayor defecto lo sabés:
la fidelidad.

"Sé fiel hasta la muerte". (Apocalipsis). Que desme-
moria no te guíe.

Un abrazo muy tierno de TU
Alejandra

B. A., 5 de julio de 1972

Mi Ivoncita, mi cercanita,

por favor, no nos pidamos explicaciones acerca del silencio (¿existe el silencio?).

Inútil decirte – no, la ciencia de lo obvio es ardua, como la lectura de lo inefable – que no sólo te extraño sino que **te necesito**. Acaso porque somos antípodas y nos damos mutuamente garantías acerca de nuestras vías.

No voy a hablarte de mí en esta escritura de esperma (este chistezuelo es para decirte: **Aquí estoy, todavía**). También te mandaré mi nuevo libro **El infierno musical** (Ed S. XXI). Y también, si consigo fuerza, algunos poemas recientes cuyo emblema es la negación de los rasgos alejandrinos. En ellos, toda yo soy otra, fuera de ciertos pequeños detalles: el humor, los tormentos, las pruebas supliciantes.

Martha Moia, muy amiga mía, se va para USA en septiem

Ultima carta de Alejandra: "Sé fiel hasta la muerte". Apocalipsis.

Ivonne Bordelois, 1967.
Foto de Enrique Pezzoni.

117. Martha Moia, lingüista y antropóloga a quien yo había conocido en New York, alrededor de 1968, con motivo de un congreso lingüístico. Ya ha sido mencionada aquí, con motivo de la correspondencia Pizarnik-Beneyto. Fue de las más allegadas entre las personas que compartieron los últimos años de Alejandra, de quien publicó en *La Nación,* luego de su muerte, una muy interesante entrevista —la última. En España apareció un notable libro suyo, *El no de las niñas,* ensayo antropológico que, injustamente, pasó poco advertido entre nosotros. Actualmente reside en Europa.

EPILOGO

Y su fidelidad fue total. Una extraña correlación de antípodas —como ella misma la definía— nos unía; nos necesitábamos complementariamente, de la misma manera que ella me lo dijo hermosísimamente alguna vez: "La luz es sólo luz en la memoria de la noche".

Para mí, Alejandra era y es el llamado de la noche, la invitación e incitación a un abismo deslumbrante que sé que existe como sustancia fundamental de la existencia. Para Alejandra yo creo haber sido, de algún modo, la garantía, la promesa o la tenue esperanza de un orden donde el sol es todavía el centro del universo viviente. De norte a sur nos enviábamos señas y testimonios de nuestras vías diferentes, con la esperanza, que creo nunca nos desertó, de que en el fondo sólo fueran una sola vía, si es cierto, como Breton propone, que hay un lugar donde día y noche no se contradicen más y cesan de combatirse al fin.

Pero desde su muerte, mi comunión con la noche ha avanzado lo suficiente para saber que el hecho de que su lugar no fuera de este mundo no condena a Alejandra, sino que es una clara condena de las tienieblas de este mundo. En las palabras de Juan Gelman:

mejor hacer otro mundo
yo digo: mejor hacer otro mundo
mejor hagamos un mundo para alejandra
mejor hagamos un mundo para que alejandra se quede.

Esta edición
se terminó de imprimir en
Grafinor S.A.
Lamadrid 1576, Villa Ballester
en el mes de abril de 1998.